U0165818

專業倫理

# 設計倫理

喻肇青、張華蓀、張道本、葉俊麟
連振佑、劉時泳、丁姵元、林文瑛————著

五南圖書出版公司 印行

# 校長序

　　中原大學創立於1955年，秉持基督愛世之忱，以信、以望、以愛致力於國家之高等教育，旨在追求真知力行，以傳啓文化、服務人類。多年來，我們推動「全人教育」，培養兼備專業知識、品格涵養和世界觀的知識分子為教育目標。自102年的教學卓越計畫我們提出了人才特色優勢共構計畫起，「專業倫理品格實踐」的特色內容一直是本校在高教深耕上的一大亮點。

　　卅年前本人曾在全國大學商管學院院長會議上，向教育部提議將「商事法」、「企業倫理」列入全國大學商、管學院的必修課。現在國內經歷了黑心油等食安風暴、國外的安隆風暴與著名車廠、製鋼廠造假風波，證明當時力排眾議的堅持是對的。為了強調專業倫理的重要性，中原大學除了成立專業倫理教學發展中心，將專業倫理列為各學院之院通識必修核心課程外，並透過種子師資的培訓與多元媒材的發展，持續精進校內各學院倫理課程與教材。這幾年來，本校也陸續推動大型論壇及全國專業倫理個案競賽，持續將本校「專業倫理」經驗擴散至其他大專院校。例如106年6月舉辦的「全國專業倫理」個案競賽，以「善用知識，力行社會公民責任」為主題，計有大專校院師生跨系或跨校共160組隊伍參賽，引起廣大的迴響。同時，透過國際與國內專家學者之交流及借鏡國外學校之經驗，精進本校專業倫理課程之教學與內容，希冀能厚實能力並協助擴散至大專校院與企業。我們相信透過專業倫理與全人教育之落實，不僅能提升大學畢業生就業競爭力，也是實踐大學教育在社會責任上基本且必須的功能。

　　為增進專業倫理的教學、推展各界對專業倫理的重視，我們邀請了中原大學歷年教授專業倫理的種子教師們，將累積的教學心得去蕪存菁編撰成系列叢書，與各界分享「專業倫理」的教學內容與經驗。期待本套叢書的出版，能夠在推廣專業倫理的教育上拋磚引玉並達成擴散效應，轉化

「倫理能不能教？」的疑問成為「倫理要如何教？」的教育議題，以符合中原大學「篤信力行」的校訓及「教育不僅是探索知識與技能的途徑，也是塑造人格、追尋自我生命意義的過程」之教育理念。

中原大學校長

張光正

107年2月

# 倫理先於自利—利誠亂之始也

## 一、倫理的社會功能

　　倫理是人與人之間應維持的關係，以及由此引申出來人與人相處應遵守的原則。所謂人與人之間的關係，包括我們與識與不識的個人、群體、社會、甚至自然環境之間的關係。人類生存在自然環境之中，人的活動影響環境，反過來也影響人類自己。隨著科技進步，人的生產力和對環境的影響力不斷增強，因此人與環境之間的倫理日益受到重視。

　　符合倫理的表現為道德，因此倫理和道德常可交換使用。道德表現在人的行為之中為品德。具有品德之人為君子；君子是孔子心目中理想人格的典型。人與人之間因為有倫理才會產生互信，和平相處，形成社會，分工合作，提高生產力，改善生活，使人類從生物人提升為社會人。生物人的意義只有個體的生存和群體的繁衍，社會人則進一步創造文化，使人的生命煥發，多采多姿。

## 二、以仁為核心的儒家倫理思想

　　倫理源自人性推己及人的關懷、推愛之心，孟子稱為「惻隱之心」，或「不忍人之心」，西哲亞當·史密斯（Adam Smith,1723-90）稱為「同情心」（sympathy）。這一關愛之心就是儒家倫理的核心元素「仁」的雛形，儒家希望通過教育薰陶、個人修養和社會制度加以擴充於全人類。宋儒朱熹更將其擴充到宇宙萬物。朱子說：「仁者以天地萬物為一體，莫非己也」。

　　仁與情意及互惠相結合，表現於各種人際關係之中，使每個人各自扮演好自己的社會角色，共同促進社會的和諧發展，增進社會全體的福祉。具體的人際關係主要為「五倫」，就是父子、兄弟、夫婦，君臣和朋友。五倫之中，父子、兄弟、夫婦之間的關係，是基於婚姻和家庭而產生的親情和恩義。儒家思想強調親情。不過亞當·史密斯認為，親情只是共同生活所產生的習慣性的同情與感應，如子女遠離，兄弟分散，情感隨之淡薄。君臣是職場和工作上的關係，孔子說：「君使臣以禮，

臣事君以忠。」（論語，八佾）。君臣用今天的話來說，就是長官與部屬。朋友之間是互惠和情意的關係。至於個人與五倫以外之一般倫理關係，則主要為仁、義、忠、信。仁者愛人；義是行事的正當性；盡己之謂忠；信是誠實不欺。孟子說：「仁、義、忠、信，樂善不倦，此天爵也。」（孟子，告子）

在以儒家思想為主流的中華傳統文化中，倫理是責任和義務的承擔，而非權利和利益的爭取，但在長期中所有人的權責和利害都會得到合理的平衡。如果由於社會制度的扭曲，以致長期失去平衡，社會的和諧與安定也就難以維持。所以倫理雖然源自人心之仁，仍需社會制度的支持，這個制度在儒家思想中就是禮。

綜上所述，可以孔子的一句話來概括：

子曰：「弟子入則孝，出則弟，謹而信，汎愛眾，而親仁。行有餘力，則以學文。」（論語，學而）

孔子這段話有兩點主要的意義。第一，倫理是有層次的，我們對所有的人都要有愛心，也有一些基本的義務，例如行為要謹慎，說話要負責任，不可造成對別人的傷害，但對家人親友則有更多的義務。第二，倫理重於才藝，實踐倫理行有餘力，再去學習才藝。

儒家思想產生於兩千多年前「傳統停滯時代」（traditional stagnation epoch）。所謂傳統停滯時代是指社會缺乏長期持續的技術進步，以致經濟成長停滯。個人追求財富，不會使社會的財富增加，社會全體的福祉來自和諧與安定。因此在我國傳統的價值系統中，倫理優先於財富；反映於教育體系中則是倫理優先於知識。

## 三、利誠亂之始也

18世紀下半西歐工業革命使技術進步取得持續不斷的可能性，在資本主義機制下，帶領世界經濟脫離「傳統停滯時代」進入「現代成長時代」（modern growth epoch）。個人為追求自己的利益從事生產，創造價值，使社會全體的財富增加。因此自利取得道德的正當性，受到社會鼓勵。亞當・史密斯在他的《國富論》（An Inquiry into the Nature and Causes of the Wealth of Nations,1776）中說：每個人追求自己的利益，冥冥中如有一隻看不見的手帶領，達成社會全體的利益，甚至比蓄意促進社會的利益更有效率。史密斯甚至說：「我從未聽說那些假裝為了公益

而從事交易的人做出什麼好事。」（WN,IV.ii.9）

史密斯並非不重視倫理，實際上他在《國富論》問世前17年發表的《道德情操論》（The Theory of Moral Sentiments,1759）就是一本倫理學巨著。史密斯認為人性有利己的成分，也有利他的成分。我們關心自己的幸福，所以產生審慎的美德（the virtue of prudence）；我們也關心別人的幸福，所以產生公平的美德（the virtue of justice）和仁慈的美德（the virtue of benevolence）。審慎是對財富與社會地位及名聲的追求，公平是不使別人的利益減少，仁慈是增加別人的利益。

史密斯說：「多為別人著想，少為自己著想，節制私欲，樂施仁慈，成就人性的完美。」（TMS, Part I, Sect. I, Chap. V）又說：「為人如能做到恰好的（prefect）審慎，嚴格的（strict）公平和適當的（proper）仁慈，可謂品格完美矣。」（TMS, Part VI,Sect. III）

我們若將史密斯的倫理觀和儒家的倫理觀加以比較，二者似乎並無重大的差異。史密斯雖然鼓勵自利，但也強調公平：公平是不傷害別人的利益。個人在從事生產、創造價值的過程中，如不使任何利害關係者包括個人、社會和環境受到損傷，則他所創造的價值就是社會全體所增加的淨價值，他所得的利益是他為社會創造價值應得的報酬。史密斯雖然視審慎為一種美德，但也主張節制私欲、樂施仁慈，猶如朱子的「存天理，去人欲。」不過社會的價值觀一旦將個人利益放在倫理前面，則當自利和倫理發生重大衝突而社會又缺少有效節制的機制時，就會棄倫理而成就自利。這是現代西方資本主義文化的基本缺失。太史公司馬遷說：

> 余讀孟子書，至梁惠王問「何以利吾國」，未嘗不廢書而嘆也。曰：嗟乎，利誠亂之始也！夫子罕言利者，常防其原也。故曰「放於利而行，多怨」。自天子至於庶人，好利之弊何以異哉！（史記，孟子荀卿列傳）

## 四、重知識輕倫理的現代教育

進入現代成長時代，技術持續進步，勞動生產力不斷提高，工商業發達，人口從農村進入城市，人力逐工作而居，產業結構改變，社會結構改變，人際關係也隨之改變。

傳統的大家庭消失，只有夫妻子女、甚至無子女的小家庭興起。教

育機會平等，生育減少，婦女進入職場，追求自己的理想。生活富裕，健康改善，青春永駐，壽命延長，白首偕老的婚姻不易維持。離婚增加，再婚甚至多次婚姻漸為社會接受。家族與親屬的關係趨於淡薄，朋友、職場與一般的社會關係日益重要。亞當·史密斯說：文明愈發達，家族的關係愈疏遠。蘇格蘭文明的程度已經很發達，但親情在英格蘭比在蘇格蘭更疏遠。

所得增加，財富累積，人生的追求從物欲滿足，轉移為超越物質，追求個人自主與自由。人生態度從消極默從轉變為積極進取，從集體主義轉變為個人主義，從曲己從人、達成群體的任務，轉變為伸張自我、追逐個人的目的。每個人膨脹自己的權利，欲凌駕他人的權利，擴張自己的自由，欲超越他人的自由，衝撞傳統的倫理規範與社會秩序，使社會的和諧與安定日愈不容易維持。

大家庭消失，家庭守護倫理、傳遞文化的功能式微，個人意志膨脹，無所敬畏，社會價值混亂，規範鬆弛。科技進步，產業多樣，各種專業興起，知識日新月異。學校教育過去強調德、智、體、群、美五育均衡，如今獨尊智育。教育知識化，知識工具化，以提供經濟發展所需的致用之學，人文素養成為不急之務，倫理道德被視為迂腐。

臺灣早期的教育理念延續中國時期重視倫理與品德的傳統，國民小學課程設有「生活與倫理」。國民中學有「公民與道德」。2001年實施九年一貫課程，均改為「社會」。「社會」內容廣泛，包括歷史、地理、社會、政治、經濟、本土、生活、環境，「道德規範」與「人際互動」只是其中一部分。國民教育從倫理、道德轉變為社會，顯示教育思想從我國傳統強調做人的義務與責任，轉變為西方現代所強調的權利和自由。高中的「公民與社會」並包括「社會運動」與「公民不服從」，公開表達對社會秩序與規範的挑戰。2014年十二年國教實施後，倫理教育已從學校教育中消失。如今國家的教育政策與文化政策更表達了去中國化，甚至揚棄中華文化的傾向。然而國家發展不論在經濟領域、政治領域或學術領域，都需要品格端方、「修己以敬」的君子，應如何培育呢？

## 五、倫理可教嗎？

在我國歷史上，品德之學是孔門弟子的必修科目。「子以四教：文，行，忠，信。」（論語，述而）文是知識之學，行和忠、信都是品

德之學。孔子最得意的弟子顏回就是德行方面的專家。《論語》中說到學，絕大部分都是品德之學或倫理之學。魯哀公問孔子：「弟子孰為好學？」孔子說：「有顏回者好學，不遷怒，不貳過。不幸短命死矣！今也則亡，未聞好學者也。」（論語，雍也）

　　倫理教育有理性的部分，也有感性的部分。從理性方面看，了解社會的結構、組織、人與人之間的關係與相處之道，以及人生在世利己、利他各種價值的選擇，讓學生通過思辨，感悟品德對個人與對社會的意義，方能理解何以功名利祿不能使人幸福，品德無虧，實現自我，才能成就幸福人生。

　　除了個人修養之外，為社會和諧安定所賴的倫理道德建立社會支援體系，誘因制度，也是倫理教育重要的部分。這在孔子時代就是禮和樂。禮引導人的行為，使之中正；樂調節人的性情，使之平和。《禮記，樂記》說：

> 禮節民心，樂和民聲。政以行之，刑以防之。禮樂刑政四達而不悖，則王道備矣。

　　廣義的禮包括政和刑。在孔子的時代，禮、樂、征、伐是天子的職掌。民主政治發展的今天，政府的道德形象敗壞，若干政客甚至人格邪惡，民間部門尤其是企業部門掌握社會資源最多。因此不僅社會倫理需要與時俱進，更重視個人與群體與環境之間的關係，倫理的社會支援體系也需重建，更仰賴民間企業和各種專業團體與公民組織。這些都應成為現代倫理教育的重要課題。

　　在感性方面，倫理教育需要樹立典範，讓人景仰、嚮往與學習。亞里斯多德認為應以歷史上我們所崇拜的聖賢豪傑為學習的榜樣。在我國歷史上，堯、舜、文、武。周公都是孔子所塑造的典型。孔子則是孔門弟子和後之儒家加以美化和理想化，復得到歷代統治者加持所形成的典範。

　　蘇轍在〈東坡先生墓誌銘〉中記述了他的兄長少年時的一段故事：

> 太夫人嘗讀《東漢史》，至《范滂傳》，慨然太息。公侍側曰：「軾若為滂，太夫人亦許之否乎？」太夫人曰：「汝能為滂，吾顧不能為滂母耶？」

范滂是東漢後期名士，有節操，為州縣所服，曾多次應詔出仕。我們很多人應都讀過：冀州飢荒，盜賊四起，他為朝廷征召，勘察災情，舉奏貪瀆，「登車攬轡，慨然有澄清天下之志。」後來遭黨錮之禍，不願家人親友受累，自行投獄。他的母親安慰他說：「汝今與李、杜齊名，死亦何恨。既有令名，復求壽考，可兼得乎？」李、杜指李膺和杜密，都是當時名士。滂行前對他的兒子說：「吾欲使汝為惡，則惡不可為；使汝為善，則我不為惡。」路人聞之，莫不流淚。東漢的大儒鄭玄說：「五霸之末，上無天子，下無方伯，善者誰賞，惡者誰罰，紀綱絕矣！」但范滂仍願選擇善行，而八百年後十歲的蘇軾仍願以他為榜樣。

　　再說一個反面的例子，謝大寧說：「看《三國演義》讓人不敢做曹操。」

　　中原大學以「全人教育」（holistic education）為辦學理念，在當前臺灣教育系統重知識輕倫理，甚至棄倫理於不顧的環境下，可能是唯一將專業倫理列為全校各學院通識必修核心課程的大學；並成立專業倫理教學發展中心，培訓種子教師，以加強師資，製作多媒體教材以彰顯教學效果。多年以來，中原大學校園祥和安定，畢業的學生為業界喜愛，除了知識教育精深，我相信倫理教育表現在學生的行為之上也是一個重要原因。

　　2018年6月20日，我應邀在中原大學作專題演講，題目是〈品格與倫理：美好人生的一堂倫理課〉，由張光正校長親自主持。光正兄並送我一套中原大學的專業倫理教材，包括工程倫理、教育倫理、科學與倫理，其中企業倫理、法律倫理與設計倫理合為一冊，共四冊。2020年，《專業倫理》再版，將原來的四冊擴充為六冊，企業倫理、法律倫理與設計倫理各自獨立成書，各書內容也多有充實，將於2月開學前問世。夏誠華教務長囑我作序。作為鼓吹倫理教育的同道，我覺得義不容辭。

　　2000年我從工業技術研究院辭職，到元智大學任教，在管理學院教經濟政策和企業倫理。2001年12月美國爆發安隆（Enron）弊案，第二年7月國會通過沙賓法案（Sarbanes-Oxley Act），加強對公司的監督，一時企業倫理和公司治理成為美國各大學商、管學院的顯學。然而不論加強倫理教育或外部監督，都不能阻擋資本主義經濟發展對社會和環境製造

傷害。美國麻州理工學院（MIT）的梭羅（Lester Thurow）教授說，企業醜聞是資本主義的常態而非異數。又說：

> 那些為了防範弊案再度發生所訂的新法規，宛如還在打上一場戰爭的將軍。這些新法規如早已存在，今天的弊案就不會發生，但並不能阻擋明天的弊案。因為明天的弊案會從新的漏洞爆發。（《天下雜誌》，2002年8月1日）

這也讓我想起孔子的話：

> 道之以政，齊之以刑，民免而無恥；道之以德，齊之以禮，有恥且革。（論語，為政）

我們如將自利放在倫理前面，縱然有嚴格的外部法規，也無法防止弊端發生。

中華文化誕生於兩千多年前我國「傳統停滯時代」，重視倫理，強調個人的責任和義務，而現代西方文化是「現代成長時代」的產物，重視對自利的追求，強調個人的利益、權利和自由。過去十多年，我少讀本行的經濟學，多讀先賢經典，從2011年到2019年出版儒家五書，推廣儒家思想以平衡利益為先的西方文化。唯有將倫理放在利益前面，才能防止追求自利造成對社會和自然的傷害。

舊曆年假期間，我拜讀中原大學《專業倫理》六書，草成這篇序文，敬備中原大學同道參考，並請指正。我也要藉此機會感謝張光正校長和夏誠華教務長對我的信任和囑託。

臺灣大學經濟學系名譽教授、中華教育文化基金會事事長

孫震

2020年2月7日

# 院長序

　　關懷弱勢、環境正義一直是中原大學設計學院的教育宗旨與原則。我與同仁們不只為90%的人們提供專業設計服務，並且特別關注這個社會中經常被忽視的另外10%。正義、倫理，都是我們發揮設計專業最核心的關懷。

　　中原大學在張校長的遠見下開創專業倫理通識必選課程，設計學院也很早就從喻肇青教授開始開設「對話式環境法」探討每個環境爭議議題的正義辯證，在這個基礎上延伸、轉換提升到整個學院的設計倫理課程，本院同學這幾年在專業倫理個案競賽也屢獲佳績，足以證明教學成效，預見兼備倫理精神養成的專業人才投入未來職場，為我們開創更好的環境。

　　這次張校長倡議每個學院要獨立另行出版專業倫理專書，我們將過去在建築、景觀、商業設計、室內設計各領域探討過的倫理議題彙整成本書，展現了我們對這個領域的廣度與深耕。感謝喻肇青教授、丁姵元老師特別鼎力協助，本院張道本主任、張華蓀老師、連振佑老師、葉俊麟老師、劉時泳老師共同投入方能完成本書第二篇。

中原大學設計學院院長

109年1月

# 專業倫理與道德思考

　　一般而言，只有涉及人與人關係[1]的議題才是倫理或道德議題。因此，倫理與道德都是關於人際關係的準則。倫理和道德的定義與差異，就連哲學家都無法說得清楚，儘管我們下不出好的定義，但我們都會在恰當的脈絡、恰當的時候正確使用這兩詞。在該用「倫理」的時候用「倫理」；該用「道德」的時候用「道德」，不大會搞錯。因此，望文生義未嘗不可。「道德」所指較廣，主客兼有，故包括倫理；而「倫理」兩字，可顧名思義，指的是倫常之理，主要是人際關係的規範。道德適用於一般的人際關係（如仁、義、禮、智、信五常），倫理則適用於特定身分的人際關係（如君臣、父子、夫婦、兄弟、朋友五倫）。因此，適用於君臣關係的「忠」與適用於父子關係的「孝」都屬於倫理原則，但適用於不特定人際關係的仁、義等則屬於道德原則。

　　「專業倫理」的議題通常涉及一般的德目，譬如忠誠、誠信、公平等，也涉及作為專家才會遇到的倫理問題。專家受到社會的相對尊重，居於較有影響力的位置，掌有較大的權力與較多的社會資源。於是，便相應而有如下的問題：專家是否不負社會所託？是否善盡其社會責任？是否讓社會資源受到妥善的運用？是否讓社會涉入風險？例如，設計製造原子彈是否讓人類面臨毀滅的風險？基因篩檢技術的發展是否讓保險制度面臨變質的風險？因此，「專業倫理」絕不是無中生有的道德教條，而是一般人在特定專業領域裡必然會面對的道德議題。

　　本書所談的「專業倫理」不是一般的道德哲學，不涉及煩難的哲學爭議，而是希望讀者透過熟讀這本書，能夠：

---

1　更激進的觀點會認為，人與動物的關係也包含在內。

1. 了解道德思考的本質。

2. 釐清各種宗教、文化，以及社會制度中判斷對錯的道德根源。

3. 思考日常生活中各種道德判斷所實際涉及的德目（例如孝順、忠誠等）。

4. 面對人類思考受各種因素（如語言、文化、人性等）之影響，容易產生偏誤的現實。

5. 客觀探討特定情境下的道德責任歸屬。

　　本書之主要內容為道德思考與道德判斷，希望不僅能夠增進讀者對於現代公民倫理規範的認知，而且能夠促進讀者對於道德議題的思辨能力、論證能力。具體而言，我們希望透過本書或專業倫理課程的教導，讓讀者或學生能：⑴澄清價值（這樣想是什麼意思？）、⑵澄清邏輯（這樣的結論正確嗎？）以及⑶澄清道德以外的因素（我為什麼不願這樣想？）。簡單地說，我們希望社會上大家都能夠給自己的抉擇（不管是現在還是未來），一個清晰、明白的理由，而不是懵懵懂懂的人云亦云。

　　同時，由於「現代公民要能根據可得的訊息和證據下適當的結論，能夠以證據評論他人的主張，能夠區隔意見與有事實根據之陳述」[2]（OECD, 2006, p.21），因此，透過本書在道德推理能力、道德問題解決能力以及道德決策判斷能力等層面的道德思考訓練，我們也希望本書能讓讀者相信，培養並具備下列能力是重要的：

1. 良好的邏輯推理能力，能夠思考各種日常事件的倫理面向與道德考慮。

2. 尋找與面對不同觀點的勇氣與信心。

3. 能夠考慮特定時間、空間、情境、關係等相關因素，並決定何種觀點是較正確的抉擇能力。

---

[2] "People often have to draw appropriate conclusions from evidence and information given to them; they have to evaluate claims made by others on the basis of the evidence put forward and they have to distinguish personal opinion from evidence-based statements."

4. 在有限的資訊以及沒有明確規範的情況下，能夠做出正確道德判斷的智慧。

換句話說，本書的目標並不是想教導讀者怎麼樣做是對的、怎麼樣做是錯的，而是希望培養讀者自己思考什麼是對的、什麼是錯的，為什麼是對、又為什麼是錯的思考能力。事實上，我們都認同許多共同的價值，大部分的人都認為孝順父母、友愛兄弟、善待朋友、尊敬師長是對的，是理所當然的行為準則，但是這樣的準則放到複雜的現實情境中，常常可能因為情境中所涉及的價值互相衝突，或是情境特殊，而出現抉擇困難或實踐偏差的現象。例如，很多青少年認為：「為朋友兩肋插刀，就是有義氣的表現，因此是道德行為。」這樣的價值觀基本上並沒有錯，有時甚至是美德。但是，這樣的價值觀放到現實情境中，萬一這些青少年碰到「現在朋友有困難，要求我去幫忙把風」或「朋友要被退學了，要求我幫他作弊」的狀況時，很可能會出現「我為朋友把風／作弊，就是為朋友兩肋插刀，因此是道德的」這樣奇怪的結論，導致說服自己去做原本並不想做的行為，而誤入歧途、回不了頭的悲劇。

　　本書的主要內容既然是培養實際專業領域中，關於道德抉擇或倫理規範的思考能力，必然需要先建立一般性的道德思考架構。因此，本書的前半段是以一般倫理的基本道德思考為主軸，以⑴基本邏輯思考、⑵道德原則如何判定、⑶行為結果如何考量，為主要內容，讓讀者先熟悉邏輯思考的基本原則，了解日常思考的可能偏誤；然後再討論道德原則正確推論的關鍵，以及道德原則是否為相對存在，或是否有優先順序的問題；最後則是討論行為後果在道德思考上的角色，以及後果與道德信念相衝突時，該如何考慮較為合理。

　　顯然，即使了解道德思考的基本原則，如何將這些原則應用到一般或專業情境的判斷上，仍然是一個複雜而困難的問題。因此，在本書的後半段，針對不同的專業領域（科學倫理、工程倫理、企業倫理、設計倫理、教育倫理、法律倫理，等等），我們蒐集了一些發生過或可能發生的案

序章　專業倫理與道德思考

例，嘗試帶領讀者一起思考專業領域的道德議題，以前半段的一般性倫理原則與道德思考應用在這些案例的分析上，學習該考慮哪些因素、該如何判斷，以及該如何做決策。

總而言之，決定「人的行為」的最主要因素還是「人的思考」，然而本書的目的並不想灌輸特定的價值觀，而是希望讀者讀完本書後，能夠更細緻地思考善惡對錯的本質，以及善惡對錯的基準。透過不斷地思辨，增強讀者對於道德議題具備理性判斷和理性抉擇的能力，無論是對於自己的問題、別人的行為，或是政治上的主張、公共政策的爭議，都能夠有清晰的思辨能力，想得清楚，活得明白。

## 建議資源

高爾著，邱春煌譯（2009），《失控的總統》。臺北：貓頭鷹出版社。

專業倫理臺灣資料網http://uip.cycu.edu.tw/UIPWeb/wSite/np?ctNode=17126&mp=00401&idPath=17101_17125_17126

　　該網站是由中原大學專業倫理教學發展中心創設，收入了豐富的教學與學習資源，包括各種專業倫理的課程資料與磨課師課程。

Michael J. Sandel著，樂為良譯（2011），《正義：一場思辨之旅》。臺北：雅言文化。

石黑一雄著，張淑貞譯（2006），《別讓我走》。臺北：商周出版社。

Bok, S., & Callahan, D. (Eds.)(1980). *Ethics Teaching in Higher Education.* New York: Plenum Press.

Kirkpatrick, D. L., & Kirkpatrick, J. D. (2006). *Evaluating Training Programs: The Four Levels.*(3rd. Ed.)*.* San Francisco, CA: Berrett-Koehler.

O'Boyle, E. (2002). An Ethical Decision-Making Process for Computing Professionals. *Ethics and Information Technology,* 4, 267-277.

OECD (2006). *Assessing Scientific, Reading & Mathematical Literacy: A Framework for PISA 2006.*

Piper, T. R., Gentile, M. C., & Parks, S. D. (1993). *Can Ethics Be Taught?*

*Perspectives, Challenges, and Approaches at Harvard Business School.* Boston, Massachusetts: Harvard Business School.

Rachels, J. (Fifth Edition by Rachels, S.) (2010). *The Right Thing to Do: Basic Readings in Moral Philosophy.* s. d. Boston: McGraw Hill.

Rachels, J. (Sixth Edition by Rachels, S.) (2010). *The Elements of Moral Philosophy.* s. d. Boston: McGraw Hill.

Rest, J. (1979). *Development in Judging Moral Issues.* Minneapolis: University of Minnesota Press.

Shafer-Landau, R. (2004). *Whatever Happened to Good and Evil?* Oxford: Oxford University Press.

# CONTENTS
## 目　錄

第一篇

# 一般倫理

# 第一章

# 道德思考的本質
## 邏輯思考

　　許多人一聽到道德思考、倫理規範，就以為那是哲學家、教育家，或老學究才必須探究的議題，殊不知在日常生活中我們就常常面臨了許多對錯判斷、道德抉擇；一聽到邏輯思考，直覺上就以為那是哲學家、數學家才會感興趣的問題，殊不知我們每一次對話都脫離不了邏輯的規範，否則便無法有效溝通。其實，所有溝通幾乎都隱含著「如果……就……」、「因為……所以……」的邏輯推理形式。

　　不過，由於課堂上正式的邏輯習題或道德兩難案例，畢竟還是與日常生活我們會遇到的推理問題或道德抉擇有相當大的差距，以致我們容易誤以為實際生活中的邏輯思考或道德抉擇是難以教導或學習的。事實上，這兩者在本質上是一樣的，只是日常的邏輯思考或道德推理，常常是在前提隱晦不明或資訊不足的情況下進行的，如果我們能養成一個習慣，將日常的問題分析清楚，想清楚判斷所需的資訊為何就會發現，課堂上的原則是能夠應用在日常問題的推理或判斷上的。

　　有學者曾經將一般課堂上的正式推理作業與日常生活所遭遇的推理問題做一個比較（表一），相當有助於釐清這兩種問題的差異（Galoti, 1989），讓我們了解日常道德推理或道德判斷之所以讓人覺得複雜、難以獲得共識之原因。

　　根據表一的比較，我們可以了解，現實的邏輯判斷或道德抉擇之所以困難，常常是因為沒有想清楚推論的前提，沒有掌握必要的資訊，或者沒有辦法不考慮個人的利害或人際關係。事實上，只要舉幾個例子來說明，我們應該很快就能了解兩者的差異其實只是形式上的差異，而非本質上的差異。現在請先想想下面的情境：

表一　正式推理作業與日常推理問題的比較

| 正式推理作業 | 日常推理問題 |
| --- | --- |
| 所有的前提均很清楚 | 有些前提是內隱的，有些前提不清楚 |
| 解決問題所需要的訊息均很完整 | 並非能馬上獲得所有必要的訊息 |
| 有一個正確的解答 | 常常有差異性頗大的可能答案 |
| 可依循明確的推理原則 | 鮮有現成的程序來解決問題 |
| 問題的本質比較抽象化 | 問題的本質比較個人化 |
| 問題的解決本身就是目的 | 問題的解決通常是為了達成其他目標 |

引自Galoti, 1989，頁335

　　選舉中有人提出：「張三不會講臺語，所以他不認同臺灣。」

　　張三的確不會講臺語。請問：你要不要接受他們的結論：「張三不認同臺灣」？

　　有人主張：「有人天生不是讀書的料，讓他們讀書是浪費社會資源。」

　　學校裡的確有些學生表現很差。請問：你要不要接受他們的主張：「不讓這些學生念書」？

　　朋友跟你說：「你是我唯一的好朋友，這次考試一定要幫我。」

　　你的確認為彼此是好朋友。請問：你要不要接受他的要求，在考試時幫朋友作弊？

　　老闆跟你說：「公司雇用童工是做善事，你們要幫忙掩飾。」

　　童工的家境確實很不好，而政府督察員剛好訪談到你。請問：你要不要替公司說謊掩飾？

## 一、有效論證

　　表面上這些好像都不是容易馬上有明確答案的問題，但是如果我們將這些例子化為我們在邏輯課上所學到的三段論證來加以思考，便很容易分辨這些話或這些主張有沒有道理。

　　所謂三段論證事實上是由三個部分所組成：大前提、小前提和結論，

大前提是一般性的原則，小前提是特殊事實，然後根據邏輯法則，從大前提與小前提的連結關係上得到結論。換言之，所有的結論都是由大前提與小前提推論出來的，所有的前提都是支持結論的理由。例如，「只要是生命，都應該被尊重」（大前提），「胚胎是生命」（小前提），「所以胚胎應該被尊重」（結論）。

我們在判斷該不該接受結論時，考慮的自然是：「結論是否為真？」要判斷結論是否為真，有兩個重要的步驟：一是先確認從大前提、小前提連結到結論的關係是否符合邏輯法則，用學術用語說，就是必須確認這個三段論證是不是一個「有效論證」（valid argument）；其次，要確認大前提、小前提是否為真實的論述，用學術用語說，就是必須確認這個論證是否為「正確論證」（sound argument）。

邏輯法則涵蓋範圍很廣，本章並不打算詳述，但是任何思考的基礎，包括道德思考，仍然是邏輯思考；而我們日常的道德抉擇便是必須從眾多的道德思考中釐出頭緒，做出判斷。因此，我們有必要先花一點篇幅簡單說明一下何謂有效論證、何謂正確論證。

## 二、有效論證

什麼是有效論證？所謂有效論證就是：能從前提推導出結論的論證。有效論證的前提可能為真，也可能為假；即使前提為假，只要是從前提導出來的結論，也會是有效論證。無效論證就是無法從前提導出結論的論證，結論儘管為真，只要結論不是從前提推導出來，就是無效論證。

以大家所熟悉的「若是人都會死（若P則Q），蘇格拉底是人（P），所以蘇格拉底會死（Q）」的論證形式來說：

（大前提）如果是人，就會死。（若P則Q）
（小前提）蘇格拉底是人。（P）（「前件肯定」）
（結論）所以蘇格拉底會死。（Q）（有效論證）

因為從前提可以推導出結論，因此是有效論證。以大前提的P為「前件」，Q為「後件」，則前件為真可導出後件為真的推論，因此我們說**「前件肯定」為有效論證**。

　　但是，換成「若是人都會死，狗不是人，所以狗不會死」，就不是有效論證，因為大前提只講人，自然無法推論出不是人的狗究竟會不會死。換句話說，否定前件的論述，無法得到邏輯上確定的結論，因此我們說**「前件否定」為無效論證**。

（大前提）如果是人，就會死。（若P則Q）
（小前提）狗不是人。（非P）（「前件否定」）
（結論）所以狗不會死。（非Q）（無效論證）

　　不過，如果是「後件否定」的論證，**就是有效論證**。因為，在「如果是人，就會死」的前提下，如果有任何東西不會死，那麼邏輯推論上那東西必定不是人。

（大前提）如果是人，就會死。（若P則Q）
（小前提）神仙不會死。（非Q）（「後件否定」）
（結論）所以神仙不是人。（非P）（有效論證）

　　但是，後件肯定的論證呢？如果有任何東西會死，那麼那東西一定是人嗎？未必。只要是在邏輯上無法得到確定結論的論證都是無效論證，因此，**「後件肯定」是無效論證**，因為大前提只說人會死，推不出其他動物會死的結論。

（大前提）如果是人，就會死。（若P則Q）
（小前提）狗會死。（Q）（「後件肯定」）
（結論）所以狗是人。（P）（無效論證）

從以上的例子可以看出，有效論證雖然不保證能得到正確道德推理的結論，但卻是正確道德推理之必要條件。許多時候我們只要能判斷出結論的無效性，就不會盲目接受似是而非的結論。例如，如果有人說：「系主任是學術主管，所以不能用投票方式選出，否則就是民主凌駕了學術的考量。」要判斷這句話有沒有道理，我們可以先將其化為三段論式來看：

大前提：如果投票表決（P），就是民主方式（Q）。
小前提：現在要投票表決學術主管系主任人選。（P）

結論：民主凌駕了學術的考量。（？）

在此論證裡，即使有人認為系主任是學術主管，應該考量學術成就，而不是有多少人支持他，但是顯然從前提導出的有效結論應該是：「用民主方式決定了系主任人選」，而不是「民主凌駕了學術」這樣的結論。

下面讓我們用簡單的例子來練習判斷結論的有效性（正確答案在本章附錄）：

有效無效動動腦
大前提：如果是人，就會死。
小前提：神仙不是人。

結論：所以神仙不會死。
選項：(1)有效論證。　(2)無效論證。　(3)無法判定。

大前提：如果是神仙，就會死。
小前提：壽星是神仙。

結論：所以壽星會死。
選項：(1)有效論證。　(2)無效論證。　(3)無法判定。

大前提：如果是人，就會死。

小前提：神仙不會死。

結論：所以神仙不是人。

選項：(1)有效論證。　(2)無效論證。　(3)無法判定。

大前提：如果是神仙，就會死。

小前提：狗不是神仙。

結論：所以狗不會死。

選項：(1)有效論證。　(2)無效論證。　(3)無法判定。

## 三、正確論證

　　判斷上述論證的結論有效無效時，前提可以為真，也可以為假，端看結論是否是從前提推導出來的。簡而言之，所謂有效論證就是，在「接受前提的情況下，『沒有道理』不接受結論」的論證。但是，如果前提是我們無法接受的說法呢？例如，

（大前提）如果是女性，就會穿裙子。（若P則Q）

（小前提）小菲不穿裙子。（非Q）（「後件否定」）

（結論）所以小菲不是女性。（非P）（有效論證）

　　顯然，如果我們接受「是女性，就會穿裙子」的前提，我們就「沒有道理」不接受「小菲不是女性」的結論，因為這是邏輯上的有效論證。然而，即使這是有效論證，我們卻無法接受這樣的結論，因此，這樣的結論便成為「邏輯上有效但並不正確的結論」。說到這裡，讀者必須了解，合乎邏輯的，未必合乎事實，因為邏輯思考的前提可以為假，而仍然是有效論證。有效論證未必是正確論證，而正確論證卻一定是有效論證，因為正確論證需要兩個條件：(1)有效論證、(2)前提為真。更淺白地說，正確論證有兩個條件：(1)從前提導出結論需要遵守邏輯法則、(2)前提所敘述的內容

合乎事實或一般信念。因此，在日常生活的判斷上，我們就必須留意前提是否合乎事實或一般信念了。

以前面所述例子而言：「張三不會講臺語，所以他不認同臺灣。」這句話有一個大陷阱，那就是結論是建立在接受「如果認同臺灣（P），就會講臺語（Q）」這個大前提下才會成立。換句話說，除非接受「如果認同臺灣（P），就會講臺語（Q）」的前提下，因為現實情況是「非Q」（「張三不會說臺語」），才會得到「非P」（「張三不認同臺灣」）的結論。這句話可以化為以下的三段論證：

（大前提）如果認同臺灣，就會講臺語。（若P則Q）
（小前提）張三不會講臺語。（非Q）（「後件否定」）
（結論）所以張三不認同臺灣。（非P）（有效論證）

這句話的大前提因為說話者認為那是理所當然的預設前提，所以通常隱晦不表，直接從小前提切入，訴諸結論。根據邏輯法則，前述論證的結論基本上是可以從前提推導出來的後件否定條件句，是一個有效論證，如果我們認定大前提為真，那麼這句話的結論便為真，是可以接受的。但關鍵是，大前提是否為真？是否為事實？便關乎這是否是一個正確論證的判斷，也關乎我們要不要接受結論的判斷了。

我們同樣用幾個例子來練習一下如何判定論證是否正確（正確答案在本章附錄）：

動動腦，是正確論證嗎？
大前提：如果是臺灣人，就會講臺語。
小前提：張大名是臺灣人。

結論：所以張大名會講臺語。
選項：(1)無效論證。　(2)有效但不正確。　(3)正確論證。

大前提：如果是臺灣人，就會講臺語。

小前提：張大名會講臺語。

結論：所以張大名是臺灣人。

**選項：**(1)無效論證。　(2)有效但不正確。　(3)正確論證。

大前提：如果你愛我，就要跟我發生親密關係。

小前提：你愛我。

結論：所以你要跟我發生親密關係。

**選項：**(1)無效論證。　(2)有效但不正確。　(3)正確論證。

大前提：如果愛臺灣，就會去服兵役。

小前提：張大名沒有服兵役。

結論：所以張大名不愛臺灣。

**選項：**(1)無效論證。　(2)有效但不正確。　(3)正確論證。

　　邏輯思考事實上只是一個簡單的幫助我們不會陷入各種主觀偏誤或思考盲點的思考原則。在《聰明人為什麼幹笨事？》一書裡，作者舉了許多例子來讓讀者明瞭，大部分的人事實上都是透過經驗所形成的特定的過濾鏡片來看世界，也因此會讓我們錯誤地解讀世界，產生思考上的盲點（Van Hecke, 2007）。下面是心理學家Wason與同事的系列研究中所採用的有趣例子：

## 日常生活的邏輯思考

### 案例一　警長的考題

　　傑克是一位沒沒無名的警察，他的工作內容不是指揮交通，就是幫助市民拯救逃家的鸚鵡。如此一成不變的生活，傑克已經不想再過下去了。有一天，傑克在警局的布告欄上看見警察總部貼出的警長甄選訊息，他欣喜若狂地夢想著自己一旦能甄選上警長，就能脫離目前無趣的生活，因此

馬上就遞出了警長申請表格。幾天後，傑克得知申請人需要通過一項性向測驗，以了解申請人是否有能力勝任警長一職。

在考試當天，傑克進入考場後，主考官在他面前展開四張卡片，每張卡片都有兩面：一面是圖形，另一面則是顏色。這些卡片的設計有一個統一的規則：

**「如果卡片的一面是圓形，那麼此卡片的另一面一定是黃色。」**

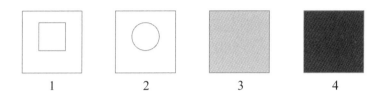

主考官問傑克：

**如何能在翻動最少卡片數的情況下，確認上面的規則是對的？**

選項：⑴ 2　⑵ 2與3　⑶ 1與3　⑷ 2與4

---

接下來，主考官在他面前展開另外四張卡片，每張卡片都有兩面：一面是數字，代表年齡，另一面則是飲料名稱。這些卡片的設計要符合一個統一的規則：

**「如果年齡在十八歲以下，就不可以喝酒精飲料。」**

主考官問傑克：

**如何能在翻動最少卡片數的情況下，確認卡片符合上面的規則？**

選項：⑴ 2　⑵ 2與3　⑶ 1與3　⑷ 2與4

首先，以第一階段考題來看，「若P（卡片的一面是圓形）則Q（此卡片的另一面一定是黃色）」，那麼，

1號卡片為正方形，是「非P」，所以是前件否定，是無效論證形式，則另一面為Q或非Q都不會違反規則，因此不必確認。

2號卡片為圓形，是「P」，所以是前件肯定，則另一面一定得為Q，才不會違反規則，因此必須確認。

3號卡片為黃色，是「Q」，所以是後件肯定，是無效論證形式，則另一面無論為P或非P都不會違反規則，因此不必確認。

4號卡片為紅色，是「非Q」，則另一面一定得為非P才不會違反規則，因此必須確認。

因此，正答是「2（圓形）與4（紅色）」。美國實驗結果顯示，在第一階段的卡片選擇中，大部分的學生會都會選擇2（圓形），有相當部分的學生會選擇2（圓形）與3（黃色），但是會選擇4（紅色）的不到一成（Wason, 1966）。但是，在第二階段的卡片選擇中，大部分的學生都能夠正確選擇2（17歲）與4（威士忌）（Wason & Johnson-Laird, 1972）。這兩個問題基本上是相同的邏輯問題，為什麼一般人在兩個問題上的答對率會如此不同？

Peter Wason原先認為這是一種思考上的確認偏誤（confirmation bias），意思是說，這是一種傾向於尋找能確認要檢驗的命題之偏差反應，因為翻閱2與3，只能用以確認「如果卡片的一面是圓形，那麼此卡片的另一面一定是黃色」這個命題，而不能用來否證它（只有翻閱4才能）。然而，後來的研究顯示，造成受試者錯誤反應的其實是思考上的相稱謬誤（matching bias），意思是說，受試者不是依據演繹邏輯做反應，而是看哪些卡片與要檢驗的命題內容相稱，由於「如果卡片的一面是圓形，那麼此卡片的另一面一定是黃色」這個命題的內容包括「圓形」與「黃色」，於是受試者就去翻閱與這兩者相稱的圓形與黃色。

然而，第二階段的卡片選擇作業，則是反映了日常經驗中的自然判斷：看到稚氣未脫的人（卡片2）買酒，我們會去確認他／她的年齡；反

之，看到顯然是成年人的人（卡片1）買酒，我們通常不會特別去檢查證件。同樣地，任何人買可樂（卡片3），我們都不會特別注意他的年齡，但是有人買酒（卡片4），我們就會注意一下他／她是否成年了。因此，美國的實驗結果顯示，儘管這個第二階段的考題與第一階段的考題在性質上是相同的，基於經驗的判斷卻導致我們在兩個問題上的答對率截然不同。這類實驗結果顯示，人類的邏輯判斷似乎並不永遠遵循邏輯法則；經驗有時候會幫助我們做正確的判斷，有時候卻會誤導我們接受錯誤的結論。綜合過去這方面推理思考的研究，顯示人類的邏輯推理能力並不如我們所預期的好，在思考上甚至常出現以下的偏誤（bias）：

1. 人類的推理過程常常違反某些邏輯法則。
2. 在某些情況下，多數人沒有能力正確地評估邏輯推論的有效性。
3. 在完全抽象的論證中，多數人表現出十分貧乏的邏輯推理能力。
4. 多數人對於自己的推理判斷能力常有過度的自信。

　　因此，知道我們在思考上的偏向，對於邏輯思考的有意識地加強與練習，似乎是我們做出較正確、較合理的道德思考判斷之先決條件。

## 給教師的小叮嚀

1. 注意同學對於邏輯法則先備知識之個別差異。
2. 注意同學對於邏輯法則的掌握，給予適當的增強。
3. 可請同學蒐集道德思考與邏輯思考的案例。
4. 提醒同學注意電視與大眾媒體違反邏輯的簡單洗腦，當心似是而非的思考邏輯陷阱。

## 附錄

有效無效動動腦

大前提：如果是人，就會死。

小前提：神仙不是人。

結論：所以神仙不會死。

這是「前件否定」，所以是無效論證。

大前提：如果是神仙，就會死。

小前提：壽星是神仙。

結論：所以壽星會死。

這是「前件肯定」，所以是有效論證。

大前提：如果是人，就會死。

小前提：神仙不會死。

結論：所以神仙不是人。

這是「後件否定」，所以是有效論證。

大前提：如果是神仙，就會死。

小前提：狗不是神仙。

結論：所以狗不會死。

這是「前件否定」，所以是無效論證。

動動腦，是正確論證嗎？

大前提：如果是臺灣人，就會講臺語。

小前提：張大名是臺灣人。

結論：所以張大名會講臺語。

這是「前件肯定」，所以是有效論證。

前提並不為真，所以不是正確論證。

大前提：如果是臺灣人，就會講臺語。

小前提：張大名會講臺語。

結論：所以張大名是臺灣人。

這是「後件肯定」，所以是無效論證。

大前提：如果你愛我，就要跟我發生親密關係。

小前提：你愛我。

結論：所以你要跟我發生親密關係。

這是「前件肯定」，所以是有效論證。

前提並不為真，所以不是正確論證。

大前提：如果愛臺灣，就會去服兵役。

小前提：張大名沒有服兵役。

結論：所以張大名不愛臺灣。

這是「後件否定」，所以是有效論證。

前提並不為真，所以不是正確論證。

## 延伸閱讀

Bernard Patten著，黃煜文譯（2010），《是邏輯，還是鬼扯？》（*Truth, Knowledge, or Just Plain Bull: How to Tell the Difference?*）臺北：商周出版社。（初版十三刷）

Julian Baggini & Jeremy Stangroom著，陳信宏譯（2010），《你以為你以為的就是你以為的嗎？》（*Do You Think What You Think You Think?*）臺北：麥田出版社。（初版七刷）

Galotti, K. M. (1989). Approaches to Studying Formal and Everyday Reasoning. *Psychological Bulletin, 105*, 331-351.

Van Hecke, M. L., (2007). *Blind Spots: Why Smart People Do Dumb Things.* New York: Prometheus Books. （《盲點——聰明人為什麼幹笨事？》，黃怡雪譯，2010。臺北：大寫出版社）

Rachels, J. (Sixth Edition by Rachels, S.) (2010). *The Elements of Moral Philosophy*. Boston: McGraw Hill.

Wason, P. C. (1966). Reasoning. In M. Foss (Ed.), *New Horizons in Psychology*, Vol. 1. Harmondswrth: Penguin.

Wason, P. C., & Johnson-Laird, P. N. (1972). *Psychology of Reasoning: Structure and Content*. Cambridge, MA: Harvard University Press.

楊照（2010），《如何作一個正直的人2——面對未來的五十個關鍵字》。臺北：本事文化。

# 第二章
# 道德思考與邏輯原則

　　我們知道，任何道德議題都必須依賴一個無論是何種主張、何種觀點的人都能共同接受的邏輯規則作為論證基礎。理由很簡單，如果有任何人告訴你，你「應該」做什麼……做什麼，你自然會問「為什麼」你應該這樣做，如果對方給不出合理的理由，正常的反應是，你會拒絕這樣做，因為對方的要求「沒有道理」。

　　因此，道德判斷與個人偏好、品味不同，如果一個人說：「我喜歡茉莉的香味」，他並不需要說明理由，因為這只是關於個人的事實陳述，只要這個陳述正確地表達了一個人的感覺偏好，這句話必然為真。反過來說，如果一個人說某件事「在道德上是錯的」，那麼他就需要說明理由，如果他的理由是合理的，那麼其他人應該共同譴責這件事；同樣的道理，如果他說不出好理由，那麼他的說法便只是個人意見，不值得我們特別加以注意。

　　當然，並不是所有說得出來的理由都是好理由，其中有正確的論證，也會有不正確的論證，所謂道德思考能力就是要能分辨正確的論證與不正確的論證。但是，要如何分辨？如何評估論證的好壞？顯然，評估論證的有效、無效也許是比較容易的，判斷前提是否為真就比較困難。然而，更關鍵的問題也許是，我們在做判斷時，常常忘了檢視我們據以做判斷的前提是什麼？

　　我們以著名心理學家Tversky與Kahnemann所用的實驗材料來說明：

有一部計程車在深夜撞了路人之後逃逸。當地有兩家計程車行：綠色計程車行與藍色計程車行。**目擊者說肇事的計程車是藍色計程車**。根據測試結果，我們知道目擊者有80%的機率正確地指認出計程車的顏色，我們也知道當地的計程車中，有85%是綠色計程車，另外的15%是藍色計程車。

**請問肇事車輛確如目擊證人所說，是藍色計程車的機率為多少？**（假設目據證人是很誠實的）

選項：

(1) 12%　(2) 80%　(3) 29%　(4) 41%

邏輯上，總共只有下列四種可能的情況：

1. 綠色計程車肇事，證人正確指認（80%的機率）
2. 綠色計程車肇事，證人錯誤指認（20%的機率）
3. 藍色計程車肇事，證人正確指認（80%的機率）
4. 藍色計程車肇事，證人錯誤指認（20%的機率）

根據測試結果，我們可以得到下列的數據：

| 證人指認肇事車輛 | 實際可能肇事車輛 | |
| --- | --- | --- |
| | 綠色計程車 | 藍色計程車 |
| | 85 | 15 |
| 綠色計程車 | 85 * 80% = 68 | 15 * 20% = 3 |
| 藍色計程車 | 85 * 20% = 17 | 15 * 80% = 12 |

從表上可以清楚知道，在一百件肇事案件中，證人指認藍色計程車為肇事車輛的案件會有二十九件(17 + 12) ([0.8×0.15] + [0.2×0.85] = 0.29)，然而其中只有十二件（0.8×0.15 = 0.12）是真正藍色計程車肇事。因此，肇事案件是藍色計程車的機率是12 / 29，是41%。

大多數人知道這答案都會大吃一驚，因為大部分人都會認為既然證人

的正確率是80%，那麼藍色計程車犯案的機率自然是80%，但是他們忽略了證人有可能誤認綠色計程車為藍色計程車的機會。為什麼我們會忽略綠色計程車被誤認為藍色計程車的機率？我們可以這樣看，現在有一個大前提：「如果藍色計程車肇事（P），那麼目擊證人指認藍色計程車的機率是80%（Q）」。同時，由於我們思考的問題是「肇事車輛是藍色計程車的機率」，於是我們很直覺地將小前提訂為「證人指認藍色計程車肇事」，於是會得到錯誤的結論。換句話說，思考的主要盲點在於小前提並不為真！

這樣的思考盲點在日常對話中也常常出現，例如，有許多政治人物喜歡發誓：

大前提：如果我有罪，我就會出車禍。
小前提：我沒有出車禍。
結論：所以我無罪。

這個論證因為是後件否定，是有效論證，所以許多人也視它為正確論證，並不質疑發誓的有效性。很少人會注意到，此論證的大前提顯然並不為真，因為沒有任何證據支持「如果有罪，就會出車禍」這樣的因果關係，因此，這個論證即使是有效論證，也不是正確的論證。再以男女朋友之間常常會出現的對話為例：

大前提：如果你愛我，你就會順從我。
小前提：你愛我。
結論：所以你應該順從我。

這個論證是前件肯定的有效論證，但是並非正確論證。這個論證的盲點同樣出在大前提並不為真。通常，如果結論違反常理或違反自己的經驗，很容易讓我們會回頭檢視前提是否為真，但是如果結論符合我們自

己的信念時，我們就不大容易發現前提並不爲眞的事實，而接受錯誤的結論。例如，有朋友要求你幫忙作弊，你想拒絕，但是他說：

（大前提）如果你是我的朋友，你就會幫我。
（小前提）現在你不幫我。
（結論）所以你不是我的朋友。

　　這樣的論點，從邏輯形式來看，是後件否定的有效論證，但是問題出在大前提並不爲眞，因爲朋友互相幫忙並非無條件的絕對道德原則，更何況作弊的結果可能是害了朋友，而不是幫了朋友。因此，在道德抉擇上就不應該接受這樣的結論。

　　一般而言，許多我們習而不察的道德信念常常成爲我們進行道德判斷時的大前提，例如，「如果以人爲手段，就是不道德」；「如果殺人，就是不道德」；「如果是效益最大的行爲，就是道德的行爲」；「如果是人，生命都是等值的」等等，通常，每一種情境、案例或議題，都會牽涉到個人許多不同的道德信念，因此，道德思考的核心就是對這些作爲大前提的道德信念加以檢視、加以澄清，以了解在特定的情境下，這些道德信念是否爲眞。

　　請試試看對於下面的命題，你／妳會做何種判斷。

如果救人是道德。
救朋友比救陌生人更道德。
選項：⑴是。　⑵不是。　⑶不一定。

救父母比救朋友更道德。
選項：⑴是。　⑵不是。　⑶不一定。

救一人比救十人更道德。
選項：⑴是。　⑵不是。　⑶不一定。

讀者應該很容易發現，道德論證的好壞不容易區辨，也沒有簡便的方法可供應用。論證在任何時候都可能出錯，因此我們必須了解道德思考中邏輯論證可能有的思考陷阱與後遺症。事實上，這並不是道德思考獨特的現象，在任何領域，對固定思考的挑戰永遠是批判性思考，道德思考也不例外。

在檢視作為前提的命題是否為真時，我們必須了解人在思考上有確認偏誤、喜歡使用捷思法，因此對於前提是否為真的判斷容易犯錯，就像前面計程車的問題一般。

我們再以Tversky與Kahnemann的實驗來試試自己的判斷能力：

---

### 案例二　猜猜瑪莉的職業

瑪莉是一位聰明、坦率的三十二歲未婚女性，並且擁有社會學學位。在大學時代，她活躍於校園內的政治活動，尤其關心種族歧視與貧窮的社會問題。除此之外，瑪莉也主張動物權、墮胎合法化、反全球化以及參加反核大遊行。目前她認真投入諸如能源再生、氣候變遷等環境議題。

以下列出描述瑪莉的四個句子，請就上述對瑪莉的描述，以1-5判斷這些句子正確與否。1代表非常不可能正確，5代表非常有可能是對的。

1. 瑪莉是一位精神科社工人員。
2. 瑪莉是一位銀行行員。
3. 瑪莉是一位保險業務員。
4. 瑪莉是一位提倡女性主義的銀行行員。

問題：**在評定完上述四個句子的正確可能性後，請問哪一個句子對瑪莉的描述最有可能是正確的呢？**

選項：⑴ 1　⑵ 2　⑶ 3　⑷ 4

---

根據機率原則，瑪莉是「銀行行員」的機率不會小於她是「提倡女性主義的銀行行員」的機率。因此，如果受試者的思考方式符合機率原則，

他們就會選銀行行員。然而，實驗結果顯示，不論受試者有沒有修過基礎統計學，乃至於修過進階課程，有85-90%的人，在排序上違反了上述的機率法則。換句話說，受試者並未以合於機率法則的方式思考。

顯然，由於瑪莉的個性看來很像典型的女性主義者——關心公平正義、勇於表達等等，因此她比較像「在銀行工作的女性主義者」，比較不像小心謹慎、按規矩辦事的「典型銀行行員」。準此而論，假如受試者根據「瑪莉看來像哪類人」去做反應，他自然會覺得，瑪莉是「提倡女性主義的銀行行員」的可能性高於她是「銀行行員」的可能性。這正是運用代表性捷思法（representativeness heuristic）的具體表現。

舉另一個例子來說，假如你在美國某地遠遠看到一個身高約一百七十公分、深色頭髮的人，走進一家日本人開的商店，你會認定你看到的不是西洋人，而是一個東方人，因為他的身體特徵（身高、頭髮顏色）與行為特徵（走進日本人開的商店），都像是個典型的（具有代表性的）東方人，而認定他是東方人。

捷思法只是一種權宜性的簡便方法。通常，使用捷思法的結果可以說是「雖不中亦不遠矣」。這樣的方法可以讓我們以略微犧牲精確性的代價，換得思考上的效率，大大提高心智工作的成本效益。然而，在某些情況下，捷思法卻可能造成判斷上的錯誤，例如，因為最近才看到幾件車禍的電視報導，便認為發生車禍的頻率遠高於心臟病的發生，或將一個較矮小、黑髮的白種人看成黃種人等。

由於人們的思考並不通常遵循邏輯法則，又常受到經驗直覺、思考偏誤，以及捷思法的影響，思考上常常出現盲點，甚至會出現後果嚴重的錯誤判斷！下面是一個標準的案例：

阿土是棒球迷，職棒比賽他幾乎每場都會準時收看。有一天他收到署名**職棒結果預測股份有限公司**的電子郵件，裡面只寫了一行字：

10月12日，中信兄弟隊會贏。

阿土認定這封信一定是這家公司的宣傳手法，憑機率預測，並不以為意。然而，10月12日阿土準時收看比賽，結果兄弟隊果然贏了。過了一個星期，阿土又收到另一封預測統一獅隊會贏球的信，而統一獅的確也在那週贏球了。連續五週阿土收到的信都準確預知比賽結果，第五週的信上還寫著：「**若要收到下次比賽的預測結果，請使用信用卡網路付款八千元。**」

阿土心想，它的預測那麼精準，一定是有內部消息，我用它的預測去買運動彩券，那不就能發大財？於是馬上上網付了八千元，也如期收到了第六週的預測結果，並且根據預測買了運動彩券。結果，第六週真的如預測公司所言，阿土的彩券果然中獎。阿土很興奮，馬上又付錢給預測公司，並加碼買了第七週的彩券。沒料到，第七週的預測竟然錯誤，害阿土損失了不少金錢。阿土覺得很奇怪，想了又想，終於恍然大悟，發現自己因為一時的貪念被預測公司玩弄了。

**請問阿土是想到了什麼，而發現自己被玩弄了呢？**

選項：

(1) 預測公司依賴運氣，不依賴機率。

(2) 預測公司收了錢就不會告訴他預測結果。

(3) 預測公司的預測之所以正確是每次預測都是獨立事件，因此連續預測正確的機率並非千分之二，而是二分之一。

(4) 預測公司的預測之所以正確是操弄收信者樣本來的。

事實真相是：職棒預測公司購買數以百萬計的電子郵送地址，寄送第

一封信件時，一半的收信者收到預測兄弟隊會贏的信件，另一半的收信者收到預測對手會贏的信件。換句話說，無論結果如何，都有至少五十萬人收到預測正確的信件。然後預測公司針對收到預測正確信的人繼續寄送第二封信件，同樣是一半的人收到預測統一獅會贏的信件，一半收到預測對手會贏的信件。如此繼續下去，儘管收到錯誤預測結果的人遠比收到預測結果正確的人多很多，總會有一些人永遠都收到預測正確的信件（連續五次收到正確預測結果的便至少有三萬多人），只要他們在收信過程中像阿土一樣心動，匯款過去，預測公司便花小錢賺大錢了。

根據Tversky等人的實驗研究，一般人即使沒有受過統計學訓練，依然有能力做出合乎統計原則的歸納推理，特別是當推理的人能注意到「取樣的範圍與方式」、「隨機因素的影響」等等時，其歸納推理方式便十分可能包含了統計原理的基本精神。然而，統計學及其基礎理論「機率論」畢竟是歷經數百年才發展成熟的學問，要說一般人都能依據統計學原理，用有系統的思考方式去進行歸納推理，確實是件難以想像的事。因此，一般人多半是依賴一些直覺式的推理，雖然此種推理方式往往簡便、有效率，卻也可能犯下推理上的錯誤，就像阿土所犯的思考偏誤，被稱為「對樣本量的不敏感性」（insensitivity to sample size）。意思是說，人們在推理類似的事件時，並未將樣本大小列入考慮。當然，從另一個角度來看運動彩，只要所有彩券都賣光了，就一定有人中獎。在這種情況下，「運動彩券」的中獎事件則成為「非機率事件」，而非「機率事件」。換句話說，阿土的思考盲點一方面在於對樣本量的不敏感，一方面在於將非機率事件視為機率事件。

道德思考或道德抉擇所涉及的影響層面、考慮因素常常十分複雜，如果我們能先認識自己思考的清晰度，了解人類思考上的偏誤與盲點，並經常鍛鍊自己的邏輯思考能力，那麼我們因為做錯判斷而後悔的機會便會減少很多！

# 參考資料

Tversky, A. (1972). Elimination by Aspects: A Theory of Choice. *Psychological Review.* 79, 281-299.

Tversky, A., & Kahnman, D. (1973). Availability: A Heuristic for Judging Frequency and Probability. *Cognitive Psychology,* 5, 207-232.

Tversky, A., & Kahneman, D. (1974). Judgment Under Uncertainty: Heuristics and Biases. *Science,* 185, 1124-1131.

Tversky, A., & Kahneman, D. (1982a). Evidential Impact of Base Rates. In D. D. Kahneman, P. Slovic, & A. Tversky (Eds.), *Judgment Under Uncertainty: Heuristics and Biases*. Cambridge, UK: Cambridge University Press.

Tversky, A., & Kahneman, D. (1982b). Judgments of and by Representativeness. In D. D. Kahneman, P. Slovic, & A. Tversky (Eds.), *Judgment Under Uncertainty: Heuristics and Biases*. Cambridge, UK: Cambridge University Press.

# 第三章
# 道德抉擇的本質
## 原則與結果

　　一般而言，道德思考通常並非假想性的議題，因此其前提必須爲眞，才能保證結論爲眞。也就是說，道德思考除了推論要符合邏輯原則之外，還必須有眞假判斷，只有確定道德推論的前提爲眞時，我們才能放心地接受這個道德推理的結論。根據此一論述，讀者應該已經了解，道德判斷有兩個重點：⑴首先，必須衡量道德推理的有效無效，也就是必須檢視道德判斷的推論過程是否合乎邏輯法則；⑵若推論合乎邏輯，則接著必須衡量作爲道德推理的前提之道德原則是否爲眞、作爲道德推論的基本假設是否爲眞。以邏輯的術語來說，道德思考不僅必須是有效論證，而且必須是前提爲眞的正確論證，我們才能夠放心接受作爲行爲的準則。

　　然而，實際的道德抉擇除了考慮是否合乎邏輯、前提是否爲眞之外，還有現實的行爲結果必須考量。例如，即使道德思考上確立了誠實的道德原則（「如果說謊，就是不道德的。」），如果實踐誠實原則的結果是：朋友會被恐怖分子抓走，那麼究竟是要遵行道德原則讓朋友被抓走？還是以朋友的安危爲重，寧可違反道德原則？這個道德抉擇就會顯得特別困難了。顯然，在做道德抉擇時，除了必須考慮行爲的原則依據之外，還必須衡量行爲選擇的結果。據此，我們可能必須說，道德抉擇通常除了必須考慮行爲的理由是不是建立在正確論證的基礎上之外，還必須考慮行爲結果對所有關係人會造成何種影響。

　　一般而言，行爲結果的最基本考量自然是：行爲結果會帶來正向影響還是負向影響？換句話說，就是「利」與「害」的權衡。其次是，會受到正向影響的人是哪些人？影響的程度有多大；會受到負向影響的人是哪些人？影響的程度有多大。然而，由於行爲結果多半發生行爲抉擇之後，也

就是發生於未來，因此我們對於結果的估量通常還必須包含對於發生機率的計算，以及以機率計算爲基礎的期望值之估算，這當然也使得我們對於行爲結果的利害計算變得十分複雜而難以掌握。

顯然，從邏輯法則、道德原則，一直到行爲結果，這些都是我們在做眞實的道德抉擇時，必須思考、必須考慮的面向。因此，我們認爲在面臨道德抉擇時，可以圖3-1作爲基本思考架構，幫助我們在面臨道德判斷、道德抉擇時，釐清問題、做出決策。

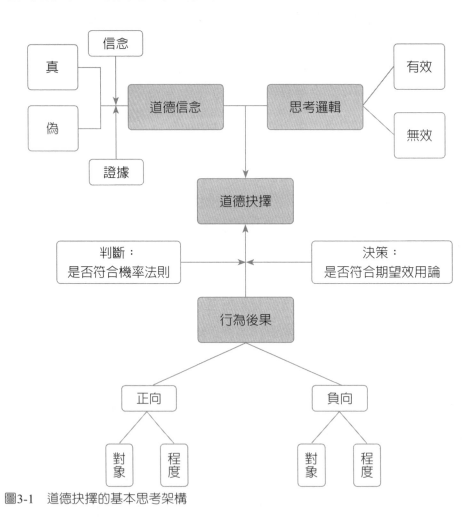

圖3-1 道德抉擇的基本思考架構

舉一個實例來說明如何用這一個道德思考架構來幫助我們思考：2011年2月22日《天下雜誌》刊登了一篇報導文章：〈少子化原兇：企業濫用責任制〉，該文引述一位教授的說法：

　　「臺灣人工時這麼長，誰有時間養育小孩，跟日本一樣，生育率驟降絕對與工時有關。」

　　首先，我們可以把這句話化成下列邏輯形式，以便檢視這種說法的邏輯合理性：

（大前提）如果工時長（P），生育率就會降低（Q）。
（小前提）現在臺灣生育率低（Q）。
（結論）所以臺灣工時太長（P）。

　　說這句話的人的邏輯顯然是：因為企業濫用責任制，以致員工工時太長，從而企業要為臺灣的少子化負責。由於大前提：「如果工時長（P），生育率就會降低（Q）」是講此話的人之基本假設，因此我們可以先檢視：如果這假設是對的，推理合不合邏輯？「若P則Q，Q⇒P」為**後件肯定邏輯推論**，顯然是無效論證，這是一個單純用思考邏輯便能清楚辨識各種說法有效性的具體例子。

　　下面我們再用一個Rachels書上所舉（Rachels, 2010），歷史上發生過的故事，來看這樣的道德思考架構，如何作為道德判斷的分析架構：

### 案例一　Baby Theresa

　　Theresa Ann Campo Pearson於1992年出生於美國佛羅里達州，她一出生就被判定為無腦症（anencephaly）。所謂無腦症是缺了大腦與小腦，卻還有腦幹維持自主神經系統，因此，這小嬰兒還能呼吸，也有心跳。由於無腦症能早期發現，因此大部分無腦症胎兒的父母都會選擇以人工流產方式

處理。即使不做人工流產，無腦症胎兒出生時有一半的機會是死產。但是，即使如此，在美國，每年仍然有大約三百五十位無腦兒出生，而他們通常也會在幾天內自然死亡。Theresa的父母知道他們的嬰兒將在幾天內死亡，而且沒有意識，因此，做了一個非比尋常的決定。他們決定將Theresa的腎臟、肝臟、心臟、眼角膜等捐出來，給其他生病的嬰兒做器官移植。醫師也同意了這項要求，因為他們知道有許多的嬰兒正在等待器官做移植手術。但是，佛羅里達州的法律禁止活體移植，問題是，如果等Theresa自然死亡後再移植，因為器官已經衰竭壞死，就無法使用了。於是，Theresa的父母決定向佛羅里達州政府申請特准這項活體移植手術。

**你認為佛羅里達州政府是否該特准這項活體移植手術的進行？**

**選項：**

(1)應該，因為為了造福更多的人，可以犧牲少數人。

(2)不應該，因為我們不可以任何理由殺人。

(3)不應該，因為我們不能利用人作為達成任何目的之手段。

如果逐一來檢視這些可能作為道德抉擇的理由，便會發現所有這些理由都可以化為邏輯推論，也會發現，這些理由不是基於道德原則的信念，便是基於行為結果所帶來的利與害之考量：

# 一、「為了造福更多的人，可以犧牲少數人」

此論點的思考邏輯以圖3-1來說明的話，主要是以「行為後果」所帶來的利與害作為考量的基礎。此論點可化為以下的三段論句：

（大前提）如果可以造福多數人，則應該犧牲少數人。

（小前提）進行Theresa的活體移植手術可以造福許多嬰兒。

（結論）應該犧牲Theresa，進行活體移植手術。

要看這結論是否為真，首先，我們必須先看這結論是否合乎邏輯，也

就是說必須先檢視此論證是否為有效論證。大前提「若P（如果可以造福多數人）則Q（則應該犧牲少數人）」，小前提P（進行Theresa的活體移植手術可以造福許多嬰兒），於是得到Q（應該犧牲Theresa，進行活體移植手術）的結論。顯然，此為前件肯定的條件句形式，因此是有效論證。

但是，緊接著，我們必須檢視大小前提是否為真，才能確定結論是否為真。大前提是效益主義的道德原則：「只要行為結果帶來的利益大於不行為所帶來的利益」，就是道德的行為，因此可以視為信念而接受其為真。但是問題是，反映行為結果的小前提：「進行Theresa的活體移植手術可以造福許多嬰兒」是否為真？顯然，要確定這個小前提為真，對於手術結果的掌握至少還必須考慮下面兩種狀況：

1. 移植手術成功的機率。因為除非手術成功，Theresa才有機會造福其他嬰兒，但是所有的手術都有風險，何況是移植手術。

2. 手術成功是不是一定代表造福其他嬰兒？或許是，或許不是，因為其他嬰兒與Theresa一樣，沒有能力為自己做決定或表達意願。他們可能也是身體狀況很差的嬰兒，藉著器官移植存活下來之後的人生是否帶來嬰兒他自己或家人的幸福，也是很難預測的。

此一論證的小前提是對於行為結果可能帶來的利與害之權衡與推論。但是，任何行為的利益永遠包含了從社會到個人、從實質到心理層面、從期望值到實際效果的不同考慮，許多結果無法量化，影響層面也難以衡量。以Theresa的例子來說，就連我們認為會帶來正向的結果也有上述無法預測與掌握的層面，會帶來負面結果的考慮是否就更需要仔細斟酌？例如，雖然Theresa沒有意識，在幾天後就會死亡，但是手術會不會造成她的痛苦？Theresa如果能多活幾天，是否一定沒有奇蹟或變化出現？

因此，如果要從行為後果來考量何種行為是對的行為，結果的發生機率、結果的期望值、結果的影響對象，自然都是必須審慎考量的因素。

## 二、「我們不可以任何理由殺人」

這個理由與上個理由不同的地方是，它不是從權衡行為後果的利害角

度出發，而是基於「**殺人是不道德的**」的基本信念。同樣地，此論點也可以化為以下的三段論證：

> （大前提）如果殺人，就是不道德的。
> （小前提）進行活體移植手術會殺死Theresa。
> ─────────────────────────────────
> （結論）進行Theresa的活體移植手術是不道德的。

　　如果以圖3-1來說明的話，我們可以先檢驗此論證的邏輯性，顯然，這個論證也是前件肯定（若P則Q，P⇒Q），因此是有效論證，邏輯上是站得住腳的論證。接下來，我們必須繼續檢視前提是否為眞，才能確定要不要接受以此前提所導出的結論。這裡的大前提「如果殺人，就是不道德的」，是道德原則，它可能是個人或團體的信念（例如，「人類是上帝所創造的」），也可能是證據支持的想法（例如，「人類是從動物演化來的」），信念與證據都必須經過檢驗才能判定眞僞。

　　如果我們相信任何情況下都不能殺人，那麼不可殺人便是絕對道德，相信並接受此道德原則的人，很自然地只能選擇拒絕當兵、拒絕死刑、拒絕安樂死、拒絕墮胎。在此信念下，如果我們清楚知道動手術的結果就是Theresa會死亡（小前提），那麼，在大前提小前提都為眞的情況下，道德抉擇自然就很清楚：「不應該進行手術」。然而，「不可殺人」的大前提究竟是絕對性的道德原則，還是允許有例外的道德原則？

　　首先，如果我們認為「不可殺人」是絕對道德，就會遇到一個基本問題：什麼是絕對道德？是誰規定的道德原則？所謂絕對道德通常只能來自絕對的權威，例如上帝。但是即使聖經上的義人亞伯拉罕，只要是上帝的旨意，連自己的兒子都可以獻祭，因此，「不可殺人」是絕對道德嗎？

　　其次，如果「不可殺人」是允許有例外的道德原則，那麼，我們會遇到另一種問題：什麼情況是允許有例外的情況？Theresa的情況是可以被容許的例外嗎？要回答這個問題，我們可以先試著檢驗自己對下列問題的答案：

如果殺人，就是不道德。

現在老虎殺人，所以老虎是……

**選項：**(1)不道德。(2)道德。(3)無法確定。

現在劊子手殺人，所以劊子手是……

**選項：**(1)不道德。(2)道德。(3)無法確定。

現在司機不小心撞死人，所以司機是……

**選項：**(1)不道德。(2)道德。(3)無法確定。

現在司機故意撞死人，所以司機是……

**選項：**(1)不道德。(2)道德。(3)無法確定。

現在張先生為了救一個人而殺了人，所以張先生是……

**選項：**(1)不道德。(2)道德。(3)無法確定。

現在張先生為了救父母而殺了人，所以張先生是……

**選項：**(1)不道德。(2)道德。(3)無法確定。

理論上，如果我們接受大前提「如果殺人，就是不道德」，則按照邏輯法則來思考，上述論題形式都是前件肯定，因此，結論應該都是「所以，……是不道德的」。然而，我們會發現，我們在做這些判斷時，很難做出一致的結論。我們做這些道德判斷時會因爲行爲主體的屬性、角色、動機、結果，而做出不一致的決定。從這樣一個簡單的例子看來，顯然，「如果殺人，就是不道德」這一個大前提，在現實社會中並非是永遠爲眞的絕對性道德原則。接下來要思考的自然是我們要不要接受Theresa的情況是可以被容許的「非不道德」的殺人？

## 三、「我們不能利用人作為達成任何目的之手段」

這個論點與上個論點一樣，不是基於行爲結果的考慮，而是基於道德原則所做的判斷。但是，這個道德原則不是「不可以任何理由殺人」的道德原則，而是「人是目的，不可以爲其他任何目的之手段」的道德信念，根據這個信念，「我們不可以用殺人作爲救人的手段」。同樣地，此論點

也可以化爲以下的三段論證：

> （大前提）如果是人，就只能是目的不能利用作爲手段。
> （小前提）Theresa是人。
> ──────────────────────────────
> （結論）不可以利用Theresa作爲救活其他嬰兒的手段。

同樣以圖3-1來說明這個論點，就此結論是否合乎邏輯而言，顯然，這個論證是**前件肯定**的有效論證（若P則Q，P⇒Q），在邏輯上是站得住腳的。接著，我們就必須檢視前提──「人是目的，不能利用作爲手段」是否爲**眞**。何種作法是將人當作手段？簡單的說，就是「利用」特定人作爲達成其他人目的之行爲。例如，日常生活裡，如果有人想要認識某位政要，就特意去接近朋友中認識這位政要的人，找機會讓朋友介紹這政要給他，那麼，這人就是想「利用」朋友，達成他自己認識某位政要的目的。如果這人的朋友知道這人和自己親近是爲了結交政要，而不是因爲想和自己做朋友，一定勃然大怒。爲什麼？因爲覺得自己「被利用」了！凡是爲了自己的利益，用操弄、欺騙或者強迫的手段讓人爲自己或特定人服務，都稱爲「利用人」。再例如，複製人在技術上已經成熟了，我們如果複製自己，以備移植器官之用，便是要利用複製人達成讓自己健康長壽的目標。問題是，即使是自己的複製人，如果複製人是獨立的生命個體，我們有權利這樣做嗎？

大前提的「人是目的，不能是手段」是一種信念，是「人權宣言」裡所標示的普世價值，因此，是大部分人類社會所共同接受的道德原則。如果我們也接受這個道德原則，認爲其爲「眞」（true），那麼只要看小前提是否爲眞，就可以判斷結論是否合理了。只要我們認爲人只能是目的，不能是其他任何目的之手段，只要我們承認Theresa是人，那麼結論的合理性就很清楚了。

綜合上面的論述，我們可以清楚了解，無論是關於個人的日常生活抉擇，例如，要不要冒著失去朋友的風險對朋友說實話、要不要順從父母的

意願選擇婚後與父母同住……等等，還是關於公共事務的選擇，例如，要不要贊成代理孕母合法化、要不要支持廢除死刑……等等，都會牽涉到思考邏輯、道德原則，以及行為結果，常常練習將生活中所遭遇的抉擇難題以圖3-1的思考架構加以分析，也許能夠讓我們慢慢了解「所欲有甚於生者，所惡有甚於死者」的道理，活得更明白，死得更無憾！

## 參考資料

Rachels, J. (Sixth Edition by Rachels, S.) (2010). What is Morality? In *The Elements of Moral Philosophy* (pp.1-13). Boston: McGraw Hill.

# 第四章

# 道德有客觀標準嗎？
## 兼論文化相對觀點

　　我們已經反覆說明正確的道德推理，其必要條件有二：「論證必須為有效論證」與「前提（不論大前提或小前提）為真」，缺一不可。論證的有效、無效，透過邏輯原則的熟練，一般人在判斷上都不會有太大的問題。但是對於前提是否為真的判斷，由於常常牽涉到信仰、信念、知識、經驗等等，就顯得複雜多了。例如，有人堅持「墮胎是不道德的」，有人堅持「同性戀是不道德的」，也有人堅持「一夫多妻是道德的」，堅持「女性應該順從父兄的意見」。有人堅持就是有人相信這些是道德原則，是「永遠為真的前提」。但是，顯然也有很多人不會同意前述那些說法是理所當然的前提。如果我們因為有人同意、有人不同意，就以「公說公有理，婆說婆有理」來認定世界上所有有爭議的事情都是無法確認真偽的，是必須互相包容的，那麼，我們顯然就會以「道德是沒有客觀標準的」來作為不同社會間道德規範互相出入、各有歧異的註腳，不會想認真思考不同道德規範的道德前提是否有可以判斷優劣、分辨真偽的客觀標準。

　　傳統的社會科學家相信道德規範是社會所建構出來維持社會秩序的產物。大多數人認為什麼是對的行為，什麼是錯的行為，便成為該社會的共識，從而成為規範人們行為的標準。因此，他們認為道德原則自然也是文化相對的，沒有客觀的標準。但是，近代有不少學者開始主張，道德其實也是科學，有其生物根源，因此也有其客觀標準。他們認為，道德規範其實就是人類看世界的眼光，人類的思考有其共同基礎，文化表現只是在共同基礎之上的變異，就像語言一樣。

　　語言是思考的主要媒介，這個世界有那麼多種不同的語言，每種語言的詞彙與語法常有很大的差異，中文的彩虹代表七種顏色，有些語言代表

五種（例如古英語）或八種顏色（例如古日語），也有些只代表兩種顏色（例如琉球語），這些不同語言的使用者，會不會因為語言的不同而用不同的眼光來看世界，例如，只看到五種或兩種顏色？

此外，有一種流傳極廣的說法，說愛斯基摩人的語言裡有幾百個用來描述「雪」的字眼，相對地，無論是中文或英文，能湊出幾十個描述「雪」的字彙就很勉強了，因此，我們會揣測，是不是愛斯基摩人眼中的世界，特別是關於「雪」的部分，與我們所看到的世界有很大的不同，以至於字彙的數量才會有這麼大的差異？

關於語言與思考的關係這方面早期的研究顯示，對於色彩或形狀的認知與記憶基本上決定於關於事實的認定，而非語言因素，換句話說，儘管愛斯基摩語中關於雪的性狀之字彙遠多於中文，愛斯基摩人與華人對於雪的形狀或色彩、聲音的知覺辨識能力其實是一樣的。但是，後來更精細的實驗設計卻顯示，語言的因素對於色彩或形狀的認知還是有相當的影響。換句話說，我們還是有可能因為語言的限制而使用不同的思考方式。這就是有名的語言相對假說。

Kahneman與Tversky曾做了一系列實驗，闡明語言會為思考架設一個框架，從而影響到思考，下列實驗便是其中的經典實驗。根據這樣的實驗結果，顯然，描述不同方案的語文呈現，對受試者的判斷會有很大的影響。

現在讓我們先來看這個例子：

## 案例一　亞洲疾病

想像美國正在為一場將爆發的不尋常的亞洲疾病預作準備。這次疫情預計將奪走六百條人命。有A、B兩個方案被提了出來。假設對這兩個方案所做的科學精確評估結果如下，你會贊成採取哪一個方案？

A方案：確定會有200人獲救。

B方案：有1/3的機會讓600人均獲救，2/3的機會無人獲救。

選項：

⑴ A方案。

⑵ B方案。

Kahneman與Tversky的實驗結果：72%的人選擇A方案；28%的人選擇B方案。

---

## 案例二　火山地震

想像美國正在為一場將爆發的不尋常的火山地震預作準備。這次地震預計將奪走六百條人命。有C、D兩個方案被提了出來。假設對這兩個方案所做的科學精確評估結果如下，你會贊成採取哪一個方案？

C方案：確定會有400人死亡。

D方案：有1/3的機會無人死亡，2/3的機會讓600人均死亡。

選項：

⑴ C方案。

⑵ D方案。

---

Kahneman 與Tversky的實驗結果：22%的人選擇C方案，78%的人選擇D方案。

在這個實驗中，亞洲疾病中的A方案其實就是火山地震中的C方案；同樣地，亞洲疾病中的B方案其實就是火山地震中的D方案。但是，實驗結果卻顯示，亞洲疾病中選擇A方案的有72%，但是在火山地震中選擇C方案的卻只有22%；反過來說，亞洲疾病中選擇B方案的有28%，但是在火山地震中選擇D方案的則高達78%。Kahneman 與Tversky認為其中原因可能是，在A方案與B方案之間做選擇的人會覺得，既然A方案保證會救活二百人，B方案則有三分之二的機會沒有救活半個人，因此，放棄A方案選擇B方案，形同拿二百人的生命去做賭注，賭更多人獲救的機會。反過來看，在C方案與D方案之間做選擇的人會覺得，既然採行C方案的結果必然有四百人無法倖免，不如冒險採行D方案，說不定因此救活所有的

人。

這樣的實驗結果生動地闡明，陳述問題的語言會設定一個思考框架，使思考偏向某個特定的方向。因此，Kahneman與Tversky將這種語言對思考所造成的影響稱為框架效果（**frame effect**）。（註：Kahneman是2002年諾貝爾經濟獎得主）

## 一、道德的標準與事實的判準

如果語言會為思考設定框架，那麼文化必定是另一個無形而強力的框架。事實上，不同的文化也的確為人設定了不同的道德準則、不同的社會規範，然而，我們所觀察到的多元文化現象與多元社會規範現象是不是就意味著：道德規範很難有跨文化的、客觀的共同準則？既然無法有客觀的道德原則作為道德思考的前提，則在前提無法確定為真的情況下，基本上便只能以行為結果來判斷行為的善惡對錯。換句話說，善惡對錯只能依情境、對象而定，因此現實情況是多元道德的世界。這就是文化相對論者所主張的多元道德觀點，他們的思考邏輯基本上是這樣的：

> 大前提：如果有客觀的道德原則，那麼就有絕對的善惡對錯。
> 小前提：人世間沒有客觀的道德原則。
> 結論：人世間沒有絕對的善惡對錯。

這樣的觀點是否立論在正確的思考基礎上呢？首先，從邏輯法則來看，這是前件否定（「若P則Q，非P⇒Q」），因此顯然是一個無效論證；其次，大前提「如果有客觀的道德原則，那麼就有絕對的善惡對錯」雖然沒有問題，文化相對論者所主張的小前提「人世間沒有客觀的道德原則」是否為真？人世間是否沒有客觀的道德原則？這個前提顯然大有爭論的空間。為什麼？要回答這個問題，我們先以下列論述來完整介紹Rachels針對文化與道德原則的關係之精闢見解（Rachels, 2010）。

## 二、多元文化就是多元價值嗎？

古代波斯帝國的國王Darius因為經常周遊列國，知道許多有趣的文化差異。例如，印度的高蘭地人（Gallantians）在父親死後會將父親的遺體吃掉，而希臘文化卻是在舉行儀式後將父親遺體火化。Darius認為成熟的思考應該是能體認並欣賞文化的差異。有一天，為了教導他的想法，他問了他朝廷裡的希臘人他們對於吃父親遺體行為的看法，這些希臘人震驚到無以復加，回答國王說，即使給他們再多財富也不可能讓他們做出這樣的行為。之後，國王叫進一些高蘭地人，然後當著希臘人的面問這些高蘭地人，對於燒掉父親遺體的看法，這些高蘭地人表現出無限驚恐的樣子，請求國王不要說這麼可怕的事。

顯然，不同的文化有不同的道德原則（moral code），在某個團體裡被認為是理所當然的事，對另一個團體的成員可能是非常可怕的事。我們可以燒父親的遺體嗎？如果你是希臘人，這是正確的作法，但是如果你是高蘭地人，你就絕對不會這樣做。

這種文化差異的例子其實很多，以二十世紀初至二十世紀中期散居阿拉斯加、格陵蘭等嚴寒地區的原住民，通稱愛斯基摩人（Eskimos）為例，他們因為聚落很小，遠離其他族群，因此發展出許多與其他文化不同的習俗。例如，男人通常多妻，並且大方與客人共享他們的妻妾，以表示好客。同時，有權勢的男人可以隨時接近他人的妻子。至於他們的妻子，如果不想接受這樣的安排，他們的丈夫也沒有意見的話，可以選擇離開他們的丈夫，另尋伴侶。總而言之，他們的婚姻制度是與現代社會很不同的。

事實上，愛斯基摩人不僅在婚姻制度與性行為方面與其他社會有很大差異，他們對待生命的方式也十分獨特。殺嬰事件在愛斯基摩社會是很常見的，有一個探險家Knud Rasmussen說他碰到一位愛斯基摩婦人，總共生了二十個嬰兒，但是在出生時就將其中的十個嬰兒給殺死了。被殺的嬰兒通常是女嬰，而且這樣做被視為是父母的選擇與權利，不會有任何社

會制裁。甚至，當家中的老人如果身體已經十分衰弱，便會被丟到雪中等死。因此，以外界的眼光來看，在愛斯基摩社會裡，似乎十分欠缺對生命的尊重。

從我們的觀點，上述這些習俗簡直可以說是不道德的，實在難以想像這樣的生活態度，同時因為我們太習慣於自己的文化，以致於會認為愛斯基摩文化是「退化的文化」或「原始文化」。但是，從人類學家的角度來看，愛斯基摩人並沒有比較特別，因為從一開始人類學家就認定對錯觀念是有很大的文化差異的，任何特定文化的道德原則或倫理觀念並不一定能夠被所有其他文化所共同接受。

## 三、文化差異的意涵 ── 價值觀抑或信仰／信念的差異？

然而，雖然道德行為的文化變異性顯而易見，但是，文化差異的背後一定是價值差異嗎？不一定，事實上最可能是信仰差異。例如，某個社會相信人的靈魂死後會附身於動物，特別是牛。因此他們即使食物不夠，還是堅決不肯殺牛來吃，因為牛可能是某些人的祖父或祖母。這種視牛為神聖而不殺牛的行為，與我們以牛為食物的社會相較，是價值上的差異嗎？不，其實是信仰上的差異。因為兩個社會都同意不可以吃祖母，但是對於牛是否是祖母有不同的意見。換句話說，價值觀相同，信仰不同。當然，信仰的內容與各文化、社會對事實的認定有很大的關係。換句話說，影響各個社會傳統習慣的因素不只有價值系統，還包含了宗教信仰、環境生態，以及知識信念等等。因此，不能說觀察到兩個社會的文化習俗不同，就下結論說，這兩個社會的價值觀不同。

以愛斯基摩人殺嬰的例子來說，這在我們社會是不被容許的，做這種事的父母甚至會被判刑。因此，表面上看來，好像這兩個社會的價值觀是不同的。好像愛斯基摩人比較不尊重生命，比較不愛他們的子女。事實上，在情況允許的時候，愛斯基摩人是非常照顧他們的小孩的。但是，他們為什麼殺嬰？因為他們的生活環境十分嚴苛，只要稍微錯估環境，就

專業倫理：設計倫理

會有性命的危險，例如，由於他們生活在冰天雪地的環境，不適合耕種，打獵是最主要的食物來源，因此他們必須常常遷徙，尋找食物。而在遷徙或做戶外工作時，一個母親最多只能背一個小孩，也因此愛斯基摩的母親需要親自照顧子女至少到四歲。當然，最重要的因素是，愛斯基摩人缺乏節育的觀念，意外懷孕所在多見。但是，即使如此，殺嬰通常還是父母在不得已之下所做的最後抉擇，在殺嬰之前，父母會想盡辦法尋求讓其他較富裕或不育家庭收養嬰兒的可能性。至於為什麼殺女嬰？原因主要有二：⑴食物的主要供應者是男性，因為食物短缺，男嬰自然較被保護。⑵打獵風險高，男性早逝比率遠高於女性。從統計數字估算，若男女嬰出生率相同，愛斯基摩社會中的成年男女性比例會成為1：1.5。

因此，無論是對小孩的態度而言，還是生命價值觀而言，愛斯基摩社會與我們現代社會並無軒輊，只是他們的生活條件惡劣，殺嬰成為他們確保家庭存活機會的手段。換句話說，是嚴苛的生活環境逼迫他們必須做我們不必做的選擇。

## 四、道德的文化相對論

即使我們理解多元文化並不一定意味著多元價值，但是，對很多人來說，觀察到「不同的文化有不同的道德準則」這樣的現象，似乎成為了解道德準則究竟是絕對還是相對準則的關鍵，因此大部分人會說，放諸四海而皆準的普世倫理原則是迷思，是不可能存在的。理由是，既然不同的社會有不同的習俗，要說哪一種習俗是對的、哪一種習俗是不對的，就必須有一個獨立客觀的判斷標準，問題是，任何標準都具有文化特定性，這種獨立客觀的標準不可能存在。社會學家William Graham Sumner早在1907年便主張此種觀點：

「所謂『正確』的方式，便是那些老祖宗用過而且傳承下去的方式。所謂『正確』是存在傳說中，不是外來的，也沒有能夠驗證它的獨立根源。傳說中的任何事情都是對的，因為他們本身就是傳

統，背後就是祖先鬼神們的權威，因此，當我們碰到傳說，我們只好停止分析。」

這樣的說法使得許多人開始懷疑普世價值的存在，逐漸相信道德其實是文化相對的，道德並沒有客觀標準以及普世原則，至多就只能有文化特定性的規範。這些道德文化相對論者的邏輯觀點主要如下：

1. 不同的社會有不同的道德準則。

2. 特定社會的道德準則決定了在那個社會裡什麼事情是對的、什麼事情是錯的。因此，如果社會規範說某種行為是對的，至少在那個社會裡，沒有人能說它是錯的。

3. 並沒有客觀的標準足以讓我們判斷哪一個社會的道德準則是比較好的，因此，並沒有適用於所有人或所有時代的道德準則。

4. 我們的道德準則不過是眾多準則中的一種，不會有特殊地位或價值。

5. 批評別的文化便是傲慢，因此，我們必須包容所有文化的道德準則。

這五個主張乍看之下似乎密切相關，事實上他們是彼此獨立的主張，而且，有些是對的，有些是錯的，因此可能彼此矛盾。例如，第二個主張說，對錯都是由文化決定的，第五個主張說，我們應該包容所有社會的規範。但是，如果有一個社會的規範是「不包容」呢？這讓我們想起德國納粹在1939年9月1日突襲波蘭的二次世界大戰歷史往事，德國的泛日耳曼思想是我們不能容忍的，但是這種思想顯然是德國社會的理想。如果我們主張道德文化相對論，顯然我們就沒有立場譴責德國當時的行為，因為他們所做的正是當時德國社會所認為對的事情。

讓我們重新整理一下前述文化相對論的論證，並將其以命題形式列出：

1. 希臘人相信吃死人的屍體是不對的，但是高蘭地人相信吃死人的屍體是對的。

2. 所以，吃屍體既無法客觀地說它對，也無法客觀地說它錯，它只是一種態度，文化變異很大。

或者

1. 愛斯基摩人認為殺嬰沒有錯，美國人認為殺嬰不道德。

2. 所以，殺嬰既無法客觀地說它對，也無法客觀地說它錯，它只是一種態度，文化變異很大。

綜而言之，文化差異論點的說法是：

1. 不同的文化有不同的道德準則。

2. 所以，道德上並沒有客觀的真理存在。對錯都只是一種態度，文化變異很大。

但是，這是正確的論證嗎？

根據前面對於邏輯思考的討論，我們知道，所謂正確的論證應該是⑴邏輯上有效的論證、⑵前提均為真。現在的情況是，前提是關於「事實」的陳述，結論卻是關於「信念」的陳述，前提的確為真，但是結論並非根據邏輯法則從前提導出的結論，因此這顯然不是有效論證。具體而言，從「希臘人相信吃死人的屍體是不對的，但是高蘭地人相信吃死人的屍體是對的（事實）」的前提，只能得出「所以希臘人與高蘭地人對於吃屍體的行為有不同的意見（事實）」的結論。因為意見不同並不代表兩個都對，有可能是一個對，一個錯，也有可能是兩個都錯。最明顯的例子是我們並不會從「有些社會相信地球是平的，有些社會相信地球是圓的（事實）」的前提得出「所以地理上並沒有辦法判斷，地球是平的對，還是地球是圓的對。平的圓的都只是一種態度，文化變異很大（信念）」的結論。

要注意的是，我們並沒有說「結論一定是錯的」，只是說，「從前提得不出這樣的結論」。換句話說，從「道德準則有文化差異的現象」並無法直接得到「道德原則沒有絕對標準，是文化相對的」之結論。

## 五、文化相對論的實際意涵

假設文化相對論是對的，其實際意涵究竟為何？至少有三個意涵是我們必須在意的，因為正是背後的這三個意涵讓很多思想家不願意接受文化相對論：

1. 假設文化相對論是對的，那麼我們便無法再說另一個社會的風俗習慣是比較不好的，只能說它是不同的。

   例如，我們無法批評1989年中國政府在天安門前對和平示威群眾的武裝鎮壓行為是錯的，我們甚至無法說有言論自由的社會是比中國社會好的。因為，這都代表我們認為有一個普世通用的準則。

2. 假設文化相對論是對的，那麼我們便無法再批評我們自己社會中的行為準則。

   例如，若有印度人懷疑種姓制度是否是對的，他只能確認這是不是印度社會的準則，若是，只要他是印度人，他便沒有理由懷疑。

3. 假設文化相對論是對的，那麼所謂道德上的進步都是可疑的，因為沒有標準可以說什麼是進步，什麼是退步。

   例如，過去歷史上的改革都是以新的想法取代舊的想法，但是，我們以何種標準說新的比舊的好？過去有一段時期，美國的女性、黑人都沒有投票權，現在有了，現在是進步了嗎？奴隸制度的改革是進步嗎？

## 六、有沒有價值觀上的文化共同性？

如果道德準則的文化差異不代表道德準則有文化相對性，那麼反過來說，不同社會間存在著不少共同價值觀的事實，是不是反映了不同道德準則有共同基本價值的可能性，從而提供了以共同價值為基礎的道德絕對準則的可能性之證據？我們常常因為注意到別的文化跟我們有相異的文化習俗，而忽略了我們有更多共同的價值。畢竟我們都是人類，道德是基於人性的社會產物，道德不會違背基本人性，就像語言不會超越人的基本認知一樣。社會的目的是傳承與發展，因此幾乎所有的社會都會重視以下的價值：

### (一)重視小孩

如前所述，事實上，愛斯基摩社會也跟我們一樣重視小孩，甚至珍視小孩。理由無他，在那樣嚴苛的環境裡，小孩如果沒有加倍細心地照顧，

是很容易夭折的。任何社會如果不照顧或重視新生命，老年成員無法被取代，這個社會便難逃滅亡的命運，因此，只要是現在還存在的社會團體，重視年輕生命必然是社會的共同價值。如果有違反此價值的行為，那必然是特例，而非常態。

## ㈡ 誠實

誠實必然是所有社會重視的價值，因為如果說謊是常態，有效溝通便成為不可能，不能互相有效溝通、不能互相信任的團體是不可能存在的。當然，重視誠實的價值並不代表不會有說謊的行為，也不代表所有的說謊行為都被認為不道德（例如，「白色謊言」），但是我們實在無法想像有視說謊為常態的社會。

## ㈢ 不可殺人

如果沒有禁止殺人的規範，所有團體的成員都會暴露在隨時可能被攻擊的危險中，每個人不是必須隨時戒備防範，就是必須盡量避免跟他人接觸。最終結果是每個人都想要自給自足，不要跟別人互動，或者想獨立分裂成規定不可以殺人的小團體，以致於大團體很快就會瓦解。換句話說，沒有「禁止殺人」戒律的團體不可能存在，禁止殺人必然成為所有社會的共同價值。

顯然，上述這些價值之所以成為各社會共同的價值，主要是因為它們都是維繫社會生存的必要條件，也因此我們幾乎可以在所有社會看到這些價值的法律化或規範化。當然，這些道德準則不會沒有例外，對於例外的界定自然會因為各社會的獨特狀況而有差異，但是重要的是，這些差異，事實上是建立在一個共同價值的基礎上。

了解了文化差異不必然代表文化相對，而文化差異的背後有共同的普世價值之後，我們有必要再回頭重新檢視文化相對論者的主張是否站得住腳：

## 七、重新檢視道德文化相對論的五個主張

㈠不同的社會有不同的道德準則。

這主張顯然是對的，因為儘管我們有跨文化的普世性道德價值（例如重視小孩、誠實、不可殺人……），不同的文化還是可能有不同的實踐道德價值的方式。

㈡特定社會的道德準則決定了在那個社會裡什麼事情是對的、什麼事情是錯的。因此如果社會規範說某種行為是對的，至少在那個社會裡，沒有人能說它是錯。

文化相對論者的此一主張顯然是說所有文化的道德準則都是無瑕的，都是不會錯的。然而，我們知道，特定社會是根據他們所相信的事來決定他們的道德準則，但是他們所相信的事未必是事實，也未必正確。以錯誤的知識或信念所建立起來的社會規範顯然不會永遠是對的，十六世紀的人相信地心說，排斥日心說，並不代表地心說就是正確的，日心說就是錯的。

㈢沒有客觀的標準足以讓我們判斷哪一個社會的道德準則是比較好的，因此，並沒有適用於所有人或所有時代的道德準則。

也許我們很難舉出適用於所有人所有時代的道德原則，但是如果我們會譴責奴隸制度、譴責人口買賣、譴責女性割禮、譴責不准女性受教育，那麼我們顯然還是有一個不屬於特定社會規範的原則作為判斷的基礎。這原則可能是：究竟這特定文化習俗或社會規範是增進還是阻礙了該文化、該社會的人之利益？

㈣我們的道德準則不過是眾多準則中的一種，不會有特殊地位或價值。

我們都會同意：任何社會的道德準則不會因為它屬於特定社會而有更高或更低的價值或地位。但是這樣的說法並不表示，所有社會的道德準則都是一樣水平，無法比較高下優劣的。事實上，任何社會的道德準則都可能是最好的一種，也可能是最差的一種。

㈤批評別的文化便是傲慢，因此，我們必須包容所有文化的道德準則。

包容是一種美德，但並不是說，我們應該包容所有的事情。人類歷史清楚告訴我們，我們曾經因為包容偏見或不義而犯下多麼愚蠢、可怕的罪行，如果我們勇於批評、勇於承擔，決心不讓相同的事發生在未來，那麼我們才能說我們在道德上有了成長與進步。

## 八、道德有客觀標準嗎？

文化相對論提醒我們，許多我們視為理所當然的行為或態度，只是文化的產物，而不是源自於道德準則，也因此與我們想法不一樣的行為或態度，不見得就是錯的，讓我們免於道德上的傲慢與偏見；文化相對論排斥專斷、狂妄，讓我們能夠擁有開放的心態，準備接受與我們不同的想法，也準備接受對自己文化習俗的批評。但是，文化相對論過於強調文化的差異性，忽略了文化的相似性。文化差異並不等於文化相對，強調文化差異可能導致不切實際的道德相對論，忽略了隱藏在文化相似性背後的道德人性基礎，也就是道德有客觀共同標準的事實。

## 九、小組作業

㈠ 養老院實況。
㈡ 楢山節考。
㈢ 請找一找在我們文化中是好、在別的文化卻是不好的習俗或事情。
㈣ 請找找看有沒有在一文化中是好事、在另一文化中卻是不好的習俗或事情呢？
㈤ 請比較不同文化的習俗或事情，何者較好？何者較差？為什麼？

想像你可以在下面的情況做選擇：

A. 25%的機會贏得$240，75%的機會失去$760。

B. 25%的機會贏得$250，75%的機會失去$750。

請問你會選擇A，還是B？

選項：

(1) A

(2) B

參考：西方參與者的選擇反應：A：0%；B：100%

想像你面臨選擇，在兩個選項中選擇一個。

A. 必然獲得$250。

B. 25%的機會贏得$1000，75%的機會什麼東西都不會得到。

請問你會選擇A，還是B？

選項：

(1) A

(2) B

想像你將面臨選擇，在兩個選項中選擇一個。

C. 必然失去$750。

D. 75%的機會失去$1000，25%的機會什麼也不會失去。

請問你會選擇C，還是D？

選項：

(1) C

(2) D

參考：西方參與者的選擇反應：A：84%；B：16%
　　　　　　　　　　　　　　C：13%；D：87%

# 參考資料

Tversky, A., & Kahneman, D. (1974). Judgment Under Uncertainty: Heuristics and Bias. *Science*, 185: 1124-1131.

Tversky, A., & Kahneman, D. (1981). The Rraming of Decision and the Psychology of Choice. *Science,* 211, 453-458.

Rachels, J. (Sixth Edition by Rachels, S.) (2010). The Challenges of Cultural Relativism. In *The Elements of Moral Philosophy* (pp.14-31). Boston: McGraw Hill.

第四章 道德有客觀標準嗎？——兼論文化相對觀點

# 第五章

# 道德效用主義
## 另一種相對觀點

上一章我們談到了Rachels（2010）論證以道德文化相對論爲基礎，無法得到道德沒有絕對標準的結論，現在請讀者再看看這一個日常生活常遇到的情形：

> 大前提：如果有客觀的道德準則（P），我們就能判斷某些道德信念是
> 　　　　對的、某些道德信念是錯的（Q）。
>
> 小前提：現在我們不能判斷哪些道德信念是對的、哪些道德信念是錯的
> 　　　　（~Q）。
>
> 結論：所以並沒有客觀的道德準則（~P）。
>
> 請問：這是有效論證（valid argument）嗎？
>
> 選項：
>
> (1) 有效論證。
>
> (2) 無效論證。
>
> 請問：這是正確的論證（sound argument）嗎？
>
> 選項：
>
> (1) 正確的論證。
>
> (2) 不是正確的論證。

此論證是後件否定，因此這顯然是一個有效論證，因爲結論是從前提依照邏輯法則導出的結論。然而，這卻不是正確論證，因爲正確論證必須滿足兩個條件：有效論證及前提爲眞。雖然這是有效論證，然而，問題

是，小前提是否為眞？誠然，「不能判斷哪些道德信念是對的，哪些道德信念是錯的」此一說法乍看之下似乎沒有錯，尤其是在討論像墮胎、安樂死這樣的問題時，特別會覺得任何一方都很難證明自己的觀點是對的。但是，如果我們仔細檢視，這樣的說法顯然在一般的日常情境是說不通的。

以考試爲例，如果有一個學生說：「老師考試不公平！」這顯然是對老師的道德指控，因爲公平是一個重要的道德價值。問題是，學生能否證明老師的確不公平？他也許會說，老師出題瑣碎，有些考題是老師沒教或教科書上沒有的；老師沒有認眞監考，放任同學作弊；或者，老師給分沒有客觀標準。事實上，學生的這些說法都是可以證明眞僞的，不會是無法判斷的。

同理，當我們對其他人做道德指控時，例如，「老闆是一個小人」、「張醫師很不負責任」、「小陳是一個黑心的舊車販賣商」，我們一定也都能舉出具體事實來證明我們的信念是對的。儘管如此，爲什麼我們又會認爲道德信念是「不能判斷對或錯」的？Rachels認爲理由很簡單：

1. 一談起道德原則，我們常常只強調那些像墮胎或安樂死這樣複雜又困難的道德議題，忽略了有許多一般較簡單的道德議題是很容易判斷對錯，並獲得共識的，因此會誤認「判斷道德信念爲眞」是困難的事情。事實上，在物理或數學等領域，也有一些複雜而困難的爭論，如果我們只看那些爭論，或許我們會下結論說，物理或數學是無法判斷對或錯的。甚至會說，因爲有「測不準定理」，所以物理世界沒有客觀標準判斷對錯，殊不知「測不準定理」本身也是可以判斷眞僞的。

2. 我們常常將「不能獲得共識」當作是「無法判斷哪一方想法是對的」之結果，忘了還有其他因素讓我們「無法獲得共識」。顯而易見，我們「無法說服對方接受自己的想法是對的」與「自己的想法是對的」可以是兩件不相干的事，事實上，你的論證可能是好的、理性的，只是對方太固執，不想接受你的觀點。同理，兩個人各持己見，互不相讓，並不代表我們就必須同時接受這兩個人的觀點。

一般而言，由於許多人常常誤以爲無法獲得共識，就是意味著沒有客

觀的道德原則，但是我們又必須有一個大家共同接受的標準來判斷對錯，於是，很自然地便轉而主張道德抉擇可以根據「行爲結果造成何種影響」來判斷。換句話說，既然客觀的道德原則不存在、純良的動機不可靠，只好審愼思考道德抉擇所造成的後果，從行爲後果來考量行爲的道德性。下面我們就介紹這種以行爲結果作爲善惡標準的道德效用主義之濫觴及其基本原則。

# 一、革命性的道德概念 ── 效用原則（Utilitarian Principle）

從十八世紀末到十九世紀，西方社會經歷了十分劇烈的社會改革。法國大革命高舉「自由、平等、博愛」，終結了君主專制時代；美國建立了第一個憲法體制，終結了奴隸制度。在這樣社會劇烈變動的時代裡，英國哲學家Jeremy Bentham（1748-1832）提出了一個革命性的道德概念。他說：「道德不是爲了取悅上帝，也不是爲了遵守抽象的原則，道德是爲了讓世界更快樂。」因此，他提出效用原則（Principle of Utility）作爲道德的最終判準。一夕之間，道德不再是不容挑戰的神諭，不再是清教徒式的戒條，用來防止貪欲與享樂，道德竟然是用來讓人更快樂的，這當然是讓人興奮、難以抗拒的想法，因此，許多社會改革者與哲學家都爭相使用這個觀念來討論議題、設計制度。

簡而言之，效用主義者的觀點可歸結爲三個論點：
1. 行爲對錯決定於行爲結果好壞的衡量。
2. 行爲結果好壞決定於行爲結果所帶來的快樂或不快樂。
3. 所有人的快樂是等值的。

Rachels以下面三個問題來讓我們了解何謂效用主義：
「安樂死是否不道德？」
「吸食大麻是否不道德？」
「虐待動物是否不道德？」
首先，根據效用主義者的觀點，安樂死的結果爲當事人帶來他自己所

選擇的結束生命的方式，對別人不造成傷害，與此同時，如果沒有安樂死，重病的延命措施會給社會、家庭帶來精神與經濟上的雙重負擔，就結果而言，安樂死所帶來的快樂比不快樂多，利比害多，因此，道德效用主義者認為：安樂死並非不道德的行為。

其次，就吸食大麻而言，當事人吸食大麻很快樂，大麻的成癮性不高，吸食大麻者的暴力性不高，而取締大麻所耗費的社會成本卻很高，權衡利害，道德效用主義者認為：吸食大麻並非不道德的行為。最後，根據效用主義者的觀點，所謂增進利益，便是增進所有能感知快樂與不快樂經驗的生物之快樂，因此，虐待動物或以近乎虐待方式對動物，都是不道德的。對人與人之外的動物差別對待，是物種歧視，與種族歧視一樣不道德。

如果以上的例子讓讀者了解道德效用主義者的基本觀點，現在就讓我們跟著Rachels以哲學思辨的角度來仔細檢視效用主義者的這些基本觀點。

效用主義者認為：「行為對錯決定於行為結果好壞的衡量。而行為結果好壞決定於行為結果所帶來的快樂或不快樂。」換句話說，如果行為的結果是快樂多於不快樂，就是道德的行為；反之，則為不道德的行為。然而，快樂是一種主觀情緒狀態，快樂與不快樂的計算是可能隨時間、地點、人際關係而異的，因此如果行為的道德與否是根據行為所帶來的快樂而定，則行為之道德與否的判斷也就可能會隨時間、地點、人際關係的不同，而有不同的結論，因而，這也是另一種道德相對的觀點。

不過，這樣的論點顯然是建立在下列兩個前提的基礎上：

1. 快樂對人是很重要的。
2. 快樂與不快樂的計算是可能的。

因此，要接受根據此兩前提而來的結論，我們就必須要先確認這兩個前提是否為真，才能判斷道德效用主義者的論點是否成立。

## 二、快樂有那麼重要嗎？

效用主義者將「對錯」與「好壞」視為一體，而什麼是好的？是快樂（happiness），是愉悅（pleasure）。但是，快樂是什麼？愉悅是什麼？從感官知覺到心理感受都可能讓我們快樂，每一個人當然都喜歡快樂，但是請設想下面的例子：

---

### 案例一　配偶的婚外情

你認為你的配偶對你非常好，非常忠實，因此十分快樂。但是，事實上他在外面有了婚外情。許多朋友都知道這件事，但是沒有人告訴你，因此你不知道他的婚外情。

**請問你希望朋友告訴你這件事嗎？**

選項：

(1) 希望朋友告訴你。

(2) 希望朋友永遠不要告訴你。

---

顯然，不知道結果是比知道結果較為快樂的，但是實證資料告訴我們，並非所有人都不想知道真相，甚至大多數人是寧願不快樂也要知道真相。這個例子讓我們可以進一步思考：快樂固然很重要，但是對人而言，是不是有可能有比快樂更重要的？例如，「意義」對我們可能是更重要的？存在謊言底下的愛情或婚姻，對人而言可能是毫無意義的。換句話說，我們可能必須追求意義，而不只是快樂。

## 三、快樂與不快樂的計算是可能的嗎？

效用主義者完全以行為所帶來的快樂與不快樂的計算結果，作為道德判斷的依據，但是請設想下面的例子：

　　你和你的朋友約好了下午一起去看電影，但是到了該動身的時間，你忽然想到你還有工作要馬上完成，因此你不想去看電影，想留在家裡工作。你打了好幾通電話想聯絡朋友，但是一直聯絡不上。因此你如果留在家裡工作，你的朋友會因為等不到你，打電話找你，才會知道你不去了。假設你認為你完成工作會很快樂，你也知道你朋友等不到你會很不快樂。

**請問你會選擇赴約還是留在家裡工作？**

**選項：**

(1) 留在家裡工作。

(2) 依約去看電影。

　　課堂上同學的選擇顯示，大多數人雖然想留下工作，卻還是會選擇赴約。顯然，我們不僅會考慮當下的快樂與不快樂，也會考慮到遵守承諾的重要性，因為不遵守承諾的後果可能是良心不安或失去朋友，而這兩者都會帶來不快樂。又或者，你可能因為擔心朋友，無法專心工作，以致無法完成工作。事實上，我們目前的行為之原因可能發生在過去，而我們行為的結果可能發生在當下以及未來，因此要計算到所有的快樂或不快樂的後果，顯然對於必須做出行為抉擇的當時來說，是困難甚至不可能的事。

　　如果對人而言，快樂並非最重要的，而當下以及長遠的快樂之計算基本上也是不可能的，那麼，以行為結果所帶來的最大利益作為道德抉擇的依據，便可能只是假設性、任意性、當下性的考慮，即使是個人也難以有跨情境、跨時間的行為準則，就更不用說要獲得跨團體、跨社會的共識了。

　　最後，請你想像下面的情境，遇到了你會做什麼抉擇？請根據你的抉擇思考一下你是否支持道德效用主義者的觀點？

## 案例三　張先生的抉擇

選舉到了，李大大是候選人。張先生非常清楚知道李大大是壞人，也知道即使張先生自己投李大大一票，李大大也不可能當選。選舉前一天，有人登門拜訪，原來是李大大請人來買張先生的票。

**如果你是張先生，你會不會把票賣給李大大？**

選項：

(1) 會，因爲賣票不影響結果，便不是不道德的。

(2) 會，因爲我會爲了能讓壞蛋吃虧而很快樂。

(3) 不會，因爲賣票就是出賣民主的不道德行爲。

# 參考資料

Jeremy Bentham (1996). *An Introduction to Principles of Morals and Legislation*. New York: Oxford University Press. (1789 First Published) （《道德與立法原理》，1971，李永久譯。臺北：帕米爾出版社）

Rachels, J. (Sixth Edition by Rachels, S.) (2010). The Utilitarian Approach. In *The Elements of Moral Philosophy* (pp.97-108). Boston: McGraw Hill.

# 第六章

# 道德行為的結果重要嗎？

雖然效用主義的觀點無法爲道德抉擇提供明確的判斷準則，但是由於行爲結果在當下的確常常會帶來十分強烈的的情感反應，這種情緒也往往阻礙了我們思考眞相的途徑。因爲強烈的情緒常常讓人誤以爲我們知道眞相是什麼，忘了考慮相對論點的合理性或眞實性。不幸的是，感覺或情緒即使強烈，有時也是不可靠的。因爲我們的感覺或情緒許多時候都是非理性的，只是偏見、自利或文化習慣的產物。例如，歷史上曾經有一段時間，人們的感覺讓他們相信，其他人種都是劣等人種，因此奴隸制度是神的旨意，占領其他人種的土地理所當然，甚至殺戮其他人種就像屠殺動物一樣不足惜。我們試著想像自己在下面有名的兩難困境中會如何行動、該如何行動，來了解情緒對行爲抉擇的影響。

---

### 案例一　拖車上約翰的抉擇

有一個鐵路工人約翰正在一輛失控的鐵路拖車上沿著軌道疾駛，在別人發現他並想出辦法之前，只能待在拖車上。他遠遠看到沿著軌道正有五個工人在鐵軌上施工，完全沒有注意到拖車正急速接近。約翰知道在不到三十秒內就會撞上這五個工人，這時候他發現前面有一個鐵軌岔道，岔道上只有一個工人正在施工。約翰必須在很短的時間內決定他要不要改變拖車的方向，轉到岔道上去，犧牲一個工人的生命，拯救五個工人的生命。

**如果你是約翰，你會改變拖車的方向，轉到岔道上去嗎？**

選項：

⑴ 會改變方向，犧牲一個人，救五個人。

⑵ 不會改變方向。

---

## 案例二　陸橋上保羅的抉擇

保羅走在陸橋上，發現有一輛失控的車子正高速逆向朝自己這方向開過來，他發現不遠處有五個人正在熱烈地討論，完全沒有覺察到車子的接近。要阻止車子繼續前進的唯一方法是找一個重量夠大的東西擋在路上。剛好他旁邊站了一個體型壯碩的大個子，因此，他能拯救那五個人的唯一方法就是將身邊的大個子推到路中間去，阻擋車子繼續前進。

**如果你是保羅，你會將大個子推到路中間去嗎**？

選項：

(1) 會，犧牲一個人，救五個人。

(2) 不會。

兩個案例在本質上是相同的，都是要不要做出犧牲一個人救五個人的行為抉擇。顯然，從道德效用論的觀點，五個人的生命比起一個人的生命，其利益明顯要來得大，應該選擇將拖車開到岔路或者將胖子推下天橋。然而，實驗的結果卻通常是，多數人在第一個案例會選擇開到岔路，在第二個案例卻不會選擇將胖子推下去。為什麼？因為第一個案例讓一個人犧牲生命的行為是透過機器自動達成，違反「不可殺人」信念所引發的抗拒情緒沒有第二個案例中必須親手將人推下天橋來得強烈。因此，撇開利益計算的考慮，即使情境本質相同，人們還是有可能做出不同的抉擇。即使在第一個案例中，還是會有人不願意因為自己的主動作為而犧牲一個人的生命，會因為堅持「不可殺人」的信念而無法付諸行為，因此寧願選擇讓事情結果照它原有的方向自然進行，不做人為干預。換句話說，「不可殺人」的道德信念讓我們產生強烈的情緒反應，以致於無法單純地就行為結果來計算利害得失。

另外一個我們不會單純地以數量計算利害得失的例子是，如果一邊是兩個人，一邊是三個人呢？又或如果你剛好知道岔路上的這一個人是愛因斯坦呢，而這五個人是混混呢？或者岔路上的這個人剛好是你自己的親人

呢？顯然，利益計算所牽連的層面又廣又複雜，不容易有一個明確的答案。

這些例子清楚顯示，要我們主動做出傷害一個人的行為，來得到有益於五個人的結果，就行為結果而言，應該是道德的，但是在情緒上卻會出現很強烈的反應，很難做出這樣的抉擇。這種情感上的反應很真實，也很珍貴，從這樣的角度來看，我們若想做出道德上正確（morally right）的抉擇，就不應該忽視這種感覺（Miller, 2008）。

現在讓我們將前面的場景稍微更改，變成如下的情境：

## 案例三　拖車上約翰的抉擇

　　有一個鐵路工人約翰正在一輛失控的鐵路拖車上沿著軌道疾駛，在別人發現他並想出辦法之前，只能待在拖車上。這時候他遠遠看到沿著軌道正有五個工人在鐵軌上施工，完全沒有注意到拖車正急速接近。約翰知道在不到三十秒內就會撞上這五個工人，這時候他發現前面有一個鐵軌岔道，岔道上有一個封閉的隧道。約翰必須在很短的時間內決定他要不要改變拖車的方向，轉到岔道上去，犧牲自己的生命，拯救五個工人的生命。

**如果你是約翰，你會改變拖車的方向，轉到岔道上去嗎？**
選項：

⑴會改變方向，犧牲自己，救五個人。

⑵不會改變方向。

## 案例四　橋上保羅的抉擇

　　保羅走在橋上，發現有一輛失控的車子正高速逆向朝自己這方向開過來，他發現不遠處有五個人正在熱烈地討論，完全沒有覺察到車子的接近。要阻止車子繼續前進的唯一方法是找一個重量夠大的東西擋在路上。剛好他自己就是體型壯碩的大個子，因此，他能拯救那五個人的唯一方法就是跳到路中間去，阻擋車子繼續前進。

> **如果你是保羅，你會跳到路中間去嗎？**
>
> 選項：
>
> (1) 會，犧牲自己，救五個人。
>
> (2) 不會。

理論上，如果我可以犧牲一個人，救五個人，則不會違反道德原則，而且可以獲得最大利益，因此，似乎只有犧牲自己才是道德行為。但是，大部分人在此種情況下，在不違背「不可殺人」的道德原則下，還是很難做出犧牲自己拯救五個人的行為。如果一般人做不到犧牲自己，拯救五個人，那麼我們是否就是不道德的？當然，除非道德上我們有犧牲自己的義務，否則未能捨己救人就不會是不道德的行為。那麼，關鍵的問題在於：道德上我們有犧牲自己的義務嗎？答案顯然是否定的，因為如果是義務，我們為什麼會稱捨己救人的人為義人、聖人？捨己救人固然是道德高尚的行為，但是未能捨己救人一般並不會被視為不道德。由於大部分的人並不會那麼慈悲，不會根據行為的最大利益來做選擇，我們甚至無法期待我們做了這樣的犧牲後，其他的人也會做同樣的犧牲。因此，由於對自我犧牲的道德要求有其先天上的限制，我們無法將自我犧牲稱作道德義務。因此，要以行為結果來衡量行為作為道德抉擇的依據，也就有了先天上的限制。

以行為結果作為道德抉擇依據的另一個盲點是，我們不容易知道事實上行為的結果會是什麼，即使是專家，對於事實的認定也常常不同，最常見的是我們常常昧於偏見，以致於思考上陷入「確認偏誤」（confirmation bias）。例如，反對安樂死的人會傾向相信安樂死會被濫用，支持的人則傾向不相信。不想捐錢給慈善機關的人會說這些機關很沒有效率，可是他們並沒有證據。討厭同性戀的人會說男同志都是愛滋病帶原者，其實他們中間只有少數人是。「真正的結果」與我們「希望的結果」常常是不一樣的，因此，所謂根據行為結果來決定道德行為，很可能

只是根據自己的偏見與受限的資訊所作出來的決定。

　　現在，讓我們來看Rachel所提供給我們思考的下一個故事：

---

## 案例五　Tracy Latimer的悲劇

　　1993年，一個十二歲的腦性麻痺女孩Tracy Latimer被她的親生父親給殺害了。Tracy與她的家人住在加拿大 Sasktchewan的一個農場上，有個星期天的早上，當她的母親與其他小孩正在上教堂的時候，她的父親Robert Latimer將她放在卡車的車廂裡，然後注入廢氣，將她殺死。Tracy死的時候只有四十磅的重量而且她的心智功能只有三個月嬰兒的程度。Latimer太太回到家發現Tracy死掉時，竟有種解脫的感覺，而且她還表示自己也曾經想親手結束Tracy的生命只是沒有勇氣罷了。Robert Latimer被確定是謀殺犯，但法官和陪審團並不想要這麼草率地給他判決。陪審團發現他有悔意，所以認為他只構成二級謀殺，並建議法官不要判他一般十年牢獄的刑責。法官同意此看法並判決他入獄一年，並在一年之後到農場居留他。但是，加拿大的高等法院干涉此案件，要求法官按照原來的判決強制執行。最後，Robert Latimer在2001年進入監獄服刑，2008年被假釋出獄。

　　**撇開法律的問題，請問Latimer先生有沒有錯**？

　　選項：

　　⑴有錯，因為Tracy的生命即使殘缺，也是很珍貴的。

　　⑵沒有錯，因為Tracy的生命除了生理上的知覺外，根本就沒有其他意義。活著只是折磨她，不如結束她的生命讓她早點解脫。

　　⑶有錯，因為一旦接受安樂死，會讓人覺得我們有權利決定誰的生命該繼續，誰的生命該結束。

---

　　針對這些行為抉擇的理由，Rachels提供了卓越的分析與澄清，我們將它整理如下（Rachels, 2010）：

# 一、即使是殘缺的生命，也是很珍貴的

這個論點顯然是基於「尊重生命」與「生命等價」的信念，是反對歧視殘障的觀點（Wrongness of Discriminating against the Handicapped）。當Robert Latimar被輕判，許多殘障團體抗議這種判決是對殘障人士的侮辱，患有多重障礙的當地的殘障團體的領導人說：「沒有人可以決定我的生命之價值不如你的生命。這是倫理的最底線。」他認為，Tracy之所以被殺害，純粹因為她身體上的殘障，而這是無法接受的，因為殘障人士應該受到同等的尊重，享有同等的權利。對特定團體的歧視或差別待遇是嚴重的議題，因為歧視的意思是，有些人受到較差的待遇只因為屬於被認定為較差的團體，沒有其他理由。最常見的例子是工作上的歧視，例如，一個雇主不想僱用盲人的想法並沒有比不想僱用西裔或猶太人或女性的想法正當。為什麼同樣是人卻要受到不同的待遇？是他比較沒有能力？是他比較不聰明？比較不努力？比較不值得給他工作？還是他比較不能從工作中獲得任何好處？如果都沒有這些理由，那麼拒絕給他工作機會便只是純然的隨機。

# 二、活著只是折磨她，不如結束她的生命讓她早點解脫

Tracy 的父親認為這不是歧視殘障者生命的事件，而是協助一個正在受苦的人從痛苦中解脫的事件。換句話說，這是安樂死的觀點（Mercy Killing Argument）。在Robert殺害Tracy之前，Tracy經歷了幾次背部、臀部以及腿部的重大手術，未來還有更多的手術必須進行。Robert說：「她插了鼻胃管，背部加了鋼條，腳被切掉，長滿褥瘡。有人能說她是一個快樂的小女孩嗎？」事實上，有三個醫師出庭作證說，很難用任何方法讓Tracy不感覺疼痛。換句話說，Robert認為他殺害Tracy不是因為她是腦性麻痺，而是因為Tracy的病痛與折磨，因為Tracy的生命毫無希望可言。顯然，這是從行為結果會為Tracy帶來利益的觀點所做的抉擇。問題是，沒有人知道醫學上的進步會為Tracy帶來什麼樣的未來，而Tracy可能也願意

忍受目前的痛苦來換得活著的機會。換句話說，這種觀點強調了行為結果的利益，卻忽略了行為結果的不確定性。

## 三、一旦接受安樂死，會讓人覺得我們有權利決定誰的生命該繼續，誰的生命該結束

　　當高等法院決定介入此案的判決時，加拿大獨立生命中心協會（Canadian Association of Independent Living Center）的執行長（director）說：她覺得「驚喜」，因為「否則的話，這會有溜滑梯效應（**Slippery Slope Effect**），會開一扇門最終導向某些人能決定某些人的生死」。她認為，我們可能同情Robert Latimer，我們也可能認為Tracy生不如死，但是，這是危險的想法，因為如果我們接受安樂死的想法，我們可能會像溜滑梯一樣，讓某些生命顯得毫無價值。我們要在哪裡畫出界線？如果Tracy的生命不值得照顧，那麼所有重度傷殘患病者的生命又如何呢？那些已經風燭殘年的老人呢？那些毫無社會功能可言、無所事事的遊民呢？在這樣的脈絡底下，最終我們甚至可能走向希特勒所主張的種族淨化（racial purification）之不歸路。

　　相同的顧慮使我們對於墮胎、人工受精（IVF），或者基因複製等問題採取反對的態度。但是，有時候，從後見之明的角度，這些顧慮有時候是無根而多慮的。例如，1978年第一個試管嬰兒Louise Brown出生之後，所有在她出生前那些關於可能發生在她、她的家人、社會的預言都沒有發生。今天，IVF甚至已成為例行、成熟的受孕技術。從Louise出生至今，單在美國就已有超過十萬名的試管嬰兒誕生了。

　　對未來影響的不確定性使我們難以從對結果的想像決定何種觀點是較佳觀點。理性的人不會同意關於接受Tracy的死是安樂死所可能導致的後遺症是可能發生的。但是，這個觀點不容易有共識，因為反對的人會繼續堅持這是可預見的後果。然而，必須提醒的是，這種觀點很容易被誤用，因為，只要你反對一個事情，卻又找不到好理由，你便可以隨便編造出一些可能的後遺症，無論你的預言如何荒誕、誇大，當下並沒有人能證明你

是不對的。這種爭論策略幾乎可以用來反對任何事情，因此，我們對於這樣的觀點也必須特別審慎。

經過這些討論，我們再來看看自己對於下面這些案例的想法，決定我們該根據行為結果還是道德原則來做判斷？

## 案例六　約翰的困境

約翰被一個恐怖主義的組織抓走，組織的首領告訴他：「現在你面前有二十個被綁在木樁上的人，只要你拿起你前面的這把槍，對準左邊的第一個人，射殺他，我就把其他十九個人通通釋放，如果你不肯這樣做，我就用這把槍把二十個人通通殺掉。」

**如果你是約翰，你會**

選項：

(1) 拿起槍殺一個人。

(2) 堅決不殺任何一個人。

## 案例七　死刑該廢嗎？

根據美國經濟學家的統計，每執行一件死刑，就可以減少五件殺人案件。

**假設這個數據為真，請問你贊成廢除死刑嗎？**

選項：

(1) 贊成廢除死刑。

(2) 反對廢除死刑。

(參)(考)(資)(料)

Galotti, K. M. (1989). Approaches to Studying Formal and Everyday Reasoning. *Psychological Bulletin,* 105, 331-351.

Miller, G. (2008). The Roots of Morality. *Science,* 320, 734-737. www.sciencemag.org

Mocan, H. N., & Gittings, R. K. (2003,October). Getting Off Death Row: Commuted Sentences and the Deterrent Effect of Capital Punishment. *Journal of Law and Economics,* XLVI, 453-478.

Rachels, J. (Sixth Edition by Rachels, S.) (2010). What is Morality? In *The Elements of Moral Philosophy* (pp.1-13). Boston: McGraw Hill.

Rachels, J. (Sixth Edition by Rachels, S.) (2010). The Debate Over Utilitarianism. *The Elements of Moral Philosophy* (pp.109-123). Boston: McGraw Hill.

# 第七章

# 道德原則有優先次序嗎？

讓我們再看一下前面提過的道德思考的基本架構：要做正確的道德抉擇，首先，需要具備邏輯思考能力，能夠分辨有效與無效論證；其次，要能理解道德抉擇牽涉的主要是道德信念與行為後果。行為後果因為是預測性的未來結果，因此必須同時考慮人類思考的限制與統計法則。然而，由於行為結果所影響的對象與程度差異性高，不確定性也高，因此預測也未必準確，根據可能的行為結果所做的道德抉擇容易引發更多的道德議題或道德遺憾。然而，以道德原則來做道德抉擇就比較容易嗎？從前面章節的討論中，我們知道，因為文化、宗教、經驗、知識的不同，人們對道德原則的認知與解釋的基礎也可能不同，最重要地，道德原則的核心是價值，人們可能因為對於價值的優先順序之認知不同，而有不同的道德抉擇。

下面我們舉一些Rachels（2010）書上的例子來挑戰我們對於道德信念的假設與想像，才能了解釐清道德原則的優先次序對於做道德抉擇的重要性。

## 案例一　連體嬰Jodie與Mary

2000年8月，義大利南部Gozo地方的一位婦人發現她懷了一對連體嬰，由於Gozo的醫療機構無法處理連體嬰，她與先生去了英國待產。他們為這對連體嬰命名為Jodie與Mary。她們胸腔相連，共用一個心臟與一對肺臟，脊椎骨的下部相連在一起。連體嬰中較強壯的Jodie負責血液的輸送。

連體嬰的出生率沒有確切統計數字，一般相信是每年二百對左右。大部分的連體嬰生下沒多久就會死亡，但也有些活得很好，長大之後，還能夠結婚，擁有自己的小孩。但是，Jodie與Mary卻沒那麼幸運，醫師說，如果不動手術，他們會在六個月內死亡，但是如果動手術，Mary會立刻死亡。

Jodie與Mary的父母是虔誠的天主教徒，他們拒絕動手術，因為那會加速Mary的死亡。他們說：「我們相信天意，如果天意不讓兩個孩子活下來，那也只好如此。」但是，醫院方面希望至少救活一個孩子，因此向法院請求在沒有父母的同意下可以進行切割手術。結果法院批准了醫院的請求。手術之後，Jodie活了下來，Mary死了。請問：

**誰有權利決定是否該進行這項切割手術？**

選項：

(1) 父母。(2) 法院。

(3) 醫師。

**什麼是最好的決定？應該進行這項手術嗎？**

選項：

(1) 應該，因為至少能救一個生命。

(2) 不應該，因為殺人就是不對的。

當年美國Ladies' Home Journal做了一項民意調查，發現美國民眾有78%的人贊成進行這項手術，也就是他們偏好第一個選項，這個選擇反映的是對於行為結果的考慮。但是，Mary與Jodie的父母則強烈支持第二個選項，他們是嬰兒的父母，兩個孩子都愛，因此他們不願意犧牲其中一個孩子來救另一個孩子。因為根據西方傳統宗教信仰，任何生命是都是同等珍貴，任何傷害無辜生命的行為都是不被容許的。即使是好的動機或目標，任何殺人的行為都是不應該的。因此，Mary與Jodie的父母的選擇顯然是根據「不可殺人」的道德信念而來。那麼法院又是根據何種理由批准這項手術？當時法官Robert Walker的見解是，Mary並不是有意被殺死，而是在分離的過程，身體無法負荷而死亡。換句話說，不是手術讓她死亡，而是她的虛弱導致她的死亡。因此，這裡沒有「殺人」的道德問題。然而，無論是手術讓她死亡，或是虛弱的身體讓她死亡，我們知道她遲早

會死，只是，我們「加速」了她的死亡。換句話說，法官認為在特殊情況下，殺害無辜的生命可能不是都是錯的，而Mary與Jodie的情況就是特殊的例子。

顯然，這裡的根本問題還是在於，「不可殺人」的道德信念是否是絕對道德？是否在任何情況下殺害無辜的人都是不對的？Mary與Jodie的父母顯然認為是的，而法官顯然認為不是。從法官的立場來看，Mary與Jodie的情況符合下列三個特殊的條件，因此是可以被容許的特殊狀況：

1. 這無辜的人已經來日無多。
2. 這無辜的人並無意願繼續活下去，或者他根本沒有意願可言。
3. 殺害此無辜的人能夠拯救其他有完整生命可能性的人。

針對這樣的論點，請問你有沒有意見？你會同意在這樣的情況下可以殺害無辜的生命嗎？

## 案例二　杜魯門的抉擇

1945年，杜魯門（Harry Truman）繼任美國總統之後，得到兩個消息：⑴盟軍已經研發成功威力強大的原子彈、⑵盟軍在太平洋地區已經逐漸取得優勢，並已擬定計畫進攻日本。然而，若登陸日本，盟軍恐怕必須付出比諾曼第登陸更慘痛的傷亡代價。因此，有人建議，在日本的一個或兩個都市投下原子彈，或許可以迫使日本投降，早日結束戰爭，避免盟軍的重大傷亡。杜魯門開始時並不想使用這個新武器，因為他知道這個核子武器將會帶來前所未見的毀滅性破壞，許多非軍事設施，包括學校、醫院、家庭，許多非軍人，包括婦女、小孩、老人、普通市民都會瞬間化成灰燼。何況，羅斯福總統才在1939年發表過措詞強烈，譴責轟炸非軍事地區，以平民為目標的行為是「不人道的野蠻行為（inhuman barbarism）」之言論。

**請問如果你是杜魯門總統，你會同意簽署，丟下原子彈嗎？**

**選項：**

⑴會，因為這樣可以早點結束戰爭，減少盟軍的傷亡。

(2)不會，因為原子彈會造成無辜平民的重大傷亡，不可以用任何目
    的合理化犧牲無辜生命的行為。

(3)會，因為日本發動太平洋戰事，以眼還眼，以牙還牙。

(4)不會，因為投下原子彈的後果不可預料，不一定能結束戰爭。

　　1956年，牛津大學預備授予杜魯門總統榮譽博士學位，以感謝美國在
二次世界大戰期間對英國的支持。牛津大學哲學系的Anscombe教授與其他
兩位同事強烈反對這項頒贈儀式，她認為不管是何種理由、何種目的，下令
連婦女、新生兒也不放過的核彈攻擊，杜魯門總統根本是一位殺人犯，不應
該給他榮譽學位。雖然她的抗議並沒有成功，但是她對於絕對道德原則的堅
持與信念，使得她成為二十世紀最偉大的哲學家之一。

　　**請問如果你是Anscombe教授，你會堅持抗議，反對頒贈榮譽學位給杜
魯門總統嗎**？

　　選項：

(1)會，因為頒贈學位等於認同無差別殺人、犧牲無辜生命的行為。

(2)不會，因為杜魯門的決定結束了戰爭。

(3)會，因為要讓大家認識動機不能合理化手段。

(4)不會，因為抗議也無效，學校不會因而改變決定。

# 一、是否有任何情況都應該遵守的絕對性道德原則？

　　在日常生活中我們也常常使用「應該」這個字眼，例如，

1. 如果你想成為西洋棋高手，你就應該研究Garry Kasparov的比賽。

2. 如果你想上大學，你就應該參加基本學力測驗。

　　這裡的「應該有某些行為」是因為我們先有一個意願或動機（想成為

西洋棋高手、想上大學），如果我們不想做這些行為，事實上只要放棄這個意願或動機即可。因此，我們稱這種「應該」（ought）爲假設性義務（hypothetical imperatives）行為，有別於道德原則的絕對義務（categorical imperative），因爲道德原則是沒有條件的。例如，「你應該幫助他人」，而不是「如果你關心他人，你就應該幫助他人」。或者，「如果你是好人，你就應該幫助他人」。它就是單純的「你應該幫助他人」。有沒有這樣的絕對義務？絕對的道德原則？我們以下面的道德困境來思考這個問題：

---

### 案例四　漢斯的困境

　　德國蓋世太保追捕猶太人最緊張的時刻，一個德國人漢斯的猶太朋友，告訴漢斯他要躲到朋友家裡去，請他暫時幫忙照顧店面。漢斯答應了之後，蓋世太保追查到漢斯家裡，並且問漢斯知不知道他猶太朋友的下落。漢斯知道如果蓋世太保捉到他的猶太朋友，就會把他送到集中營去，他的猶太朋友可能因而送命。

**請問如果你是漢斯，你會說實話還是說謊？**

選項：

(1) 說謊，因爲這樣可以保全猶太朋友的性命。

(2) 說實話，因爲說謊違反道德原則。

---

## 二、討論：是否在任何情況下都不能說謊？

1. 康德認爲我們應該這樣思考：

　　(1)我們應該只能做那些符合「我們希望所有人也都遵守」的規則之事。

　　(2)假如我們說謊，我們就是遵守「可以說謊」的規則。

　　(3)這個規則不可能被所有人遵守，因爲這樣我們就無法信賴彼此。

　　(4)所以，我們不應該說謊。

但是，Anscombe認為康德的第二個前提出了問題：「為什麼我們說謊，就是『遵守可以說謊的原則』？」事實上你是「遵守『我為了拯救朋友的生命可以說謊的原則』」，而且這個原則可以成為普世原則。換句話說，Anscombe認為絕對義務是沒有意義的，除非了解絕對義務的行為準則。

2.康德認為我們無法預測行為的結果，因此只好照道德原則來行為。

例如，可能猶太朋友改變了藏匿地點，如果你說謊，可能剛好讓猶太朋友被抓到，或者如果你說了實話，可能剛好讓猶太朋友逃過一劫。康德認為，遵照道德行為所帶來的壞結果，行為者不必負責任，但是不遵照道德原則所帶來的壞後果，行為者必須負責任。

但是，事實上，雖然行為的後果不容易預測，卻也常常不是那麼不可預測。例如，在說謊的困境中，我們可以預測，若說了實話而讓朋友喪生，我們必定會因為幫忙迫害朋友，而受良心的苛責。

## 三、討論：道德原則的衝突與釐清

很多時候，價值與價值之間有矛盾，原則與原則之間有衝突。當誠實與拯救生命的道德原則相衝突時，我們可能必須選擇犧牲遵守誠實的道德原則，實踐拯救生命的道德原則。事實上，這種道德原則的優先次序，也有它的普世原則。

顯然，如何訂定道德價值或原則的優先次序並不容易，但是，我們仍然可以運用前幾章所提到的方法，思考道德原則的真偽，例如，前述Anscombe質疑康德誠實原則的第二個前提就是一個很好的例子。

除了從邏輯思考層次檢驗道德信念的真偽之外，從事實或經驗的證據上檢驗信念的合理性也是釐清道德原則的好方法。我們舉平等觀念為例來說明，因為任何道德理論都會談論到平等（impartiality）的概念。這概念的意涵是說，任何人的利益都是一樣重要，沒有人應該受到特別待遇。同時，平等觀念也意味著沒有任何團體應該被視為較低等，而受到較差的待遇。因此，種族主義、性別主義都是應該被譴責與排斥的。

然而，這個原則必然會受到種族主義者的挑戰，因為他們的信念可能是「白人是最優秀的人種」，基於這種信念，他們自然認為白人應該得到較好的工作職位，他們也可能希望所有的醫師、律師、老闆都是白人。這時候，我們就可以理性地來問一個問題：「白人到底具備了什麼特質，使得他們適合高薪、高聲望的工作？」「白人是否在人種上有較高的智商？較勤奮的態度？」「白人是否更關心自己與家人？」「白人是否有能力從工作中獲得比別人更多的利益？」如果這些問題的每一個答案都是「否」，如果沒有好理由讓我們相信白人是最優秀的人種，那麼對人有差別待遇，或者對特定族群的歧視便是不能被接受的道德上的錯。

　　因此，平等的底線便是對人不能有差別對待的原則。但是，反過來說，如果這原則說明了種族歧視之所以是道德上不對的事情，它同時也能告訴我們為什麼有些時候差別待遇並非種族歧視。例如，如果有人要拍一部關於美國黑人民權運動領袖金恩博士的故事，那麼這導演應該不會要甘乃迪總統當主角。這種差別待遇便不是種族歧視。

　　綜而言之，一個有道德意識的人，應該是一個能隨時檢視自己的行為抉擇是否合乎思考邏輯，反思自己行為的理由是否合乎道德原則，同時顧及行為選擇結果所可能影響的每一個人之利益。

## 參考資料

Rachels, J. (Sixth Edition by Rachels, S.) (2010). What is Morality? In *The Elements of Moral Philosophy* (pp.1-13). Boston: McGraw Hill.

Rachels, J. (Sixth Edition by Rachels, S.) (2010). Are There Absolute Moral Rules? *The Elements of Moral Philosophy* (pp.124-135). Boston: McGraw Hill.

# 第八章

# 道德義務與美德

請先看下面的故事：

---

　　我服務的公司是一家知名的汽車安全氣囊製造公司，專門研發新產品。有天我在一個舊檔案夾裡發現了一份十年前設計部門兩位工程師所寫的報告，裡面詳述公司在某一型安全氣囊設計上的缺失，雖然沒有立即而嚴重的安全問題，但是要補救這缺失，卻得花上相當多的時間與大筆經費。報告上說，他們準備重新設計安全氣囊。可是，當時的主管說安全問題不嚴重，如果公司重新進行設計而暫停該型安全氣囊的銷售，將對公司的營收產生非常不利的影響。主管說，若出現問題，再進行必要的修理就可以了，相信消費者不會發現這個缺失的。闔上報告，我真不敢相信，我們公司會把明知有瑕疵的產品賣給顧客。真沒想到當時公司的高級主管竟會縱容這種事情的發生！

　　我馬上去找公司主管，把報告拿給他看。沒想到主管看過報告後竟然說：「這件事已經過去了！這份報告早該銷毀了！舊事重提只會造成公司龐大的損失罷了！你知道，如果我們公開此事，媒體或政府主管單位可能會利用這個機會對公司大肆攻擊，要求我們負起該負的責任，甚至要我們的客戶召回裝載該型氣囊的所有車子。如此一來，我們好不容易建立起來的公司信譽可能毀於一旦，後果不堪想像。老實說，本公司可能不夠完美，不過，它既然沒有發生問題，我們只要面對未來，好好經營公司成為有社會責任感、有品質的公司就得了。」

　　我不同意主管的話，認為有社會責任感的公司就應該勇於承認錯誤，亡羊補牢，負責到底。如果公司就此不吭聲的話，那就與十年前那些人一樣辜負消費大眾對本公司的信賴！我們該向大眾公布此事，以保證同樣的

事不會再發生！我甚至跟主管說，如果公司不好好處理此事，我不惜單獨向大眾舉發此事！

**如果是你發現報告，你會向大眾舉發這件事嗎？**

選項：

(1)會，因為這牽涉到公司的誠信，社會大眾（利害關係人）有權了解「事實」。

(2)會，因為這牽涉到社會公正，公司不應該將額外增加的成本（更換氣囊的成本）轉嫁給消費者。

(3)不會，既然沒有發生問題，何必把它弄得太複雜。

(4)不會，揭露後可能讓公司倒閉、自己失業。

---

等了一星期，公司並未處理此事，因此我向報社舉發了此事，報紙登出斗大的標題：「高田（即本公司）的安全氣囊不安全？可能會發生危險！」顯然，報社記者危言聳聽，不說明那是過去的產品，也過於誇大該安全氣囊問題的嚴重性。雖然事情並沒有擴大，社會反應也在公司出面說明並保證免費更換新的安全氣囊後就沉寂下來，然而，公司上上下下卻開始對我另眼相待，避之唯恐不及，公司甚至嘗試提供優渥的退職金，希望我早點離開公司。當主管向我提出公司的條件時，我看著主管說：「我做了該做的事，可是現在我卻成了做錯事的人。那份報告不是我寫的，也不是我搞錯設計的，我說實話，告訴大眾真相，憑什麼大家要責怪我？我告訴你，我不辭職！也不調職！」

**你認為故事中主角為什麼會向媒體舉發這件事？**

(1) 因為社會正義感。

(2) 因為公司沒有人願意聽他的話，賭氣為之。

**如果你是公司主管，你會希望故事主角離開公司嗎？**

(1) 會。

(2) 不會。

**為什麼？**

當我們依據一個價值（如「誠信」）去控訴他人時，其動力經常來自於另一個價值（如「維護社會公義」）。同樣地，我們可能根據第三個價值（如「不傷害第三者」）而放棄我們的控訴。在此情況下，道德兩難是雙重的。

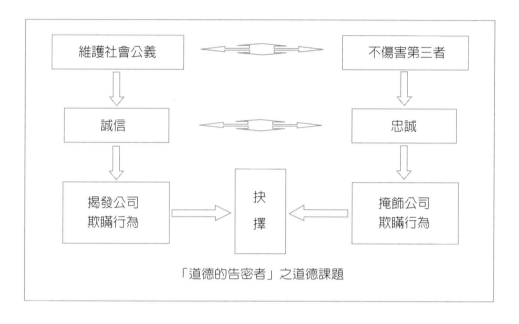

「道德的告密者」之道德課題

道德義務（道義）是個人為避免「不義因我而起」所負的行為責任，美德的追求則是個人為求「公義因我而實現」所產生的使命。因此，「不愛你的鄰人」不能算不道德，但是「愛你的鄰人」則是美德；同理，「不寬恕你的敵人」不能算不道德，但是「寬恕你的敵人」則是美德。據此，則在上述的案例中，「不舉發不義」並不能算不道德，但是「舉發不義」就是美德了。換句話說，在這樣的案例中，無論舉發或不舉發，都是合乎道德原則的行為。

我們如何思考這樣的道德困境？我們可以問：「從絕對道德的角度來看，怎樣的抉擇才是道德的？」我們也可以問：「從文化相對的角度來看，怎樣的抉擇才是道德的？」當然，我們還可以問：「從效用論的角度來看，怎樣的抉擇才是道德的？」然而，除了這三個角度，我們還有哪些

角度可以思考？

　　再來看看下面一個實際發生過的案例之整理報導：

　　這是擁有一百六十八年歷史的英國暢銷小報《世界新聞報》（*News of the World*）在2011年7月10日出版最後一期的封面，該刊自此停刊，永遠走入歷史。導致《世界新聞報》關閉的主要原因是，警方的調查發現，該報曾僱人侵入一名遭殺害女孩電話的語音信箱，並刪除部分留言，導致警方及家人誤信女孩仍然生存，嚴重妨礙對女孩失蹤案的調查。

　　這件震驚全世界的竊聽醜聞之得以曝光，主要歸功於英國《衛報》（*Guardian*）記者戴維斯（Nick Davies）鍥而不捨的追查。事實上，《世界新聞報》竊聽醜聞始於2006年，當年王室事務記者古德曼（Clive Goodman）與私家偵探馬爾凱爾（Glenn Mulcaire）因為竊聽手機留言，被判刑四個月。《世界新聞報》的母公司為國際新聞公司，是澳洲傳媒大亨梅鐸（Rupert Murdoch）的新聞集團英國分支。國際新聞公司當時聲稱，竊聽只是「一小撮害群之馬」所為，古德曼因而被解僱，且入獄服刑。當時英國多數傳播媒體、社會大眾以及警方，都接受了這個講法，只有《衛報》記者戴維斯繼續在2009年7月報導：「《世界新聞報》2008年在梅鐸之子詹姆斯

主導下，曾祕密支付七十萬鎊給竊聽受害人泰勒，以換取隱匿竊聽事件。」這則報導意味著，竊聽並非限於一小撮人，而是整個《世界新聞報》的高層都知情。

戴維斯的報導刊出後，警方馬上宣布進行調查，但是幾小時後就宣稱，並沒有新進展值得調查。國際新聞公司馬上趁勢反擊，狠批《衛報》誤導公眾。更糟的是，報業申訴委員會調查後亦堅持，竊聽只是《世界新聞報》「一小撮害群之馬」所為。因此，儘管《衛報》沒有放棄，戴維斯沒有放棄，他們的報導卻引不起關注，而一些關鍵線索又礙於英國法律不能公開。

直到《衛報》在2011年7月4日揭發，《世界新聞報》在2002年3月曾竊聽十三歲失蹤少女的手機留言信箱，公眾才發現，原來《世界新聞報》的竊聽對象已不只是達官貴人，他們連一般平民也不放過，這才終於引發眾怒。在輿論一片譁然之際，人們進一步發現，《世界新聞報》的竊聽行為其實並非「個案」。根據警方調查，一名私家偵探在三年內就曾替三百名以上的記者進行竊聽或跟蹤的任務。《世界新聞報》的醜聞不僅葬送了這家百多年歷史的小報，也讓媒體的道德責任和職業倫理受到最嚴厲的考驗。

根據美國國會所公布的竊聽案相關資料顯示，早從2007年起，《世界新聞報》就允許旗下記者竊聽電話，報社主管對於這種行為不但知情，而且支持。然而，在《衛報》舉發整個竊聽案之前，《世界新聞報》一直聲稱，只有古德曼一人涉及竊聽，報社主管並不知情，直到整個事件公開之後，該報管理階層才不得不承認這個長久以來的陋習。

**你／妳認為戴維斯為什麼堅持報導《世界新聞報》的竊聽事件？**

⑴ 為了社會公義。

⑵ 為了個人名利。

**如果你／妳是《世界新聞報》的記者，你／妳發現整個報社都將竊聽當作獲取情報的手段時，你該如何自處？**

⑴ 為了社會公義，向社會大眾揭發報社不當的竊聽行為。

(2) 既然大家都這樣做，我也只能隨波逐流。

(3) 辭職自清。

# 一、美德的追求

在許多情況下，我們常常認為我們會表現出合乎道德行為的原則，是因為我們做出道德抉擇的「理由」比做出不道德抉擇的「理由」好。可是，理由的好壞判斷是主觀的，問題是，你要相信哪一種判準？你要相信道德自利主義者（Ethical Egoism）所說的，人該去做對自己最有利的行為？

柏拉圖在他的《共和國》（*Republic*）一書中，曾經講過一個故事：

有個牧羊人Gyges意外從山洞裡撿到一個魔戒，只要轉動魔戒，戴魔戒的人就會變成隱形人，別人都看不到他。

先想一下，如果你得到這樣一個魔戒，你會做什麼？

Rachels在*The Ethics of Virtue*（2010）一文中告訴我們，接下來Gyges做了什麼事：Gyges戴上戒指，到皇宮去，引誘了皇后，殺死了國王，竊取了王位以及國王的財富！因為他有魔戒，所以他做任何事都不會有人知道，因此也不可能得到懲罰。換句話說，他可以為所欲為而不會有任何不利於他的後果。在這種情況下，Gyges的行為似乎是可以理解的。他順著自己的慾望，做出對自己最有利的行為，但是，問題是，是不是所有的人只要有了魔戒，都會做出與Gyges一樣的行為？就像《世界新聞報》的記者，只要有了掩護竊聽行為的公司文化，所有的記者都會利用竊聽來獲取新聞呢？

答案顯然不是。然而，為什麼有些人能抗拒誘惑，不會做出像Gyges那樣的行為呢？Rachels認為最可能的理由是出於對神聖戒律的順服與接受，例如，「不能違背神的旨意，做出不討神喜歡的事」，或者，「舉頭

三尺有神明，若要人不知，除非己莫為」。但是，對一個無神論，又不相信因果報應的人來說，他／她又有什麼理由要壓抑自己的願望，做出合乎道德原則的行為呢？有一個好理由是，他／她想要成為一個「好人」。換句話說，當「做一個好人」是自己的願望時，抗拒誘惑便是自己的選擇，遵守道德原則便是合乎自己願望的行為。在沒有任何行為責任的情況下，不會做出與Gyges一樣的行為，而能遵守道德原則的人，便是有美德的人，因為他所追求的是「道德因我而實現」的生命，是擁有美好特質的自我。

　　有美德的人是什麼樣的人？需要具備什麼特質？亞里斯多德認為有美德的人就是，會將特定道德特質習慣性（habitual action）的表現在行為上的人。所謂習慣性，就是已經將該特質完全內化，不需思考也會自動表現出來。那麼什麼是道德特質？有一個簡單易懂的說法是：會讓別人喜歡親近的特質。我們喜歡有學問的老師教我們知識，喜歡有技術的師傅幫我們修車，但是，作為一個「人」，我們未必喜歡親近他們。因此，所謂美德，可以說，就是作為一個讓人喜歡的人所須具備的的特質。到底什麼樣的特質可以稱為美德？這個清單要列起來可就很長了：誠實、忠誠、慈悲、正義、慷慨、勇氣……等等，如果這樣來看美德，那麼，幾乎大部分的人都可以說是有美德的人了，因為平時當表現這些特質不需付出太大的代價時，大部分的人都會選擇表現出這樣的特質。例如，看到車禍有人受傷時，一般人會幫忙打電話報警，因為這是舉手之勞。但是，幫忙將傷者送醫院，就不是一般人會做的事了，因為那不僅必須花時間、花力氣，可能還會惹上麻煩。只有當人能不計代價、不論情境、不關對象，「**習慣性**」地、一致性地表現或實踐那些我們珍愛、重視的特質或價值時，我們才能說，那人是有美德的人。

　　讓我們再來看另一個真實案例：

由雕塑家蒲添生所塑，林靖娟老師捨身救人之雕像。（臺北市立美術館美術公園）

## 健康幼稚園火燒車事件

　　1992年5月15日，臺北市私立健康幼稚園師生舉辦校外旅遊教學活動，其中一輛由司機楊清友駕駛的遊覽車，搭載了五十三位家長、學生及老師，在行經桃園縣平鎮市中興路時，因車輛震動電源變壓器，致老舊電源線發生短路，導致電線走火、引燃易燃物而爆炸起火。此時司機楊清友先開啟右前門讓乘客逃離，接著想開啟後座安全門，卻發現安全門年久失修，無法打開，因此踢破安全門玻璃，自己先行爬出車外。遊覽車隨車小姐于桂英、幼稚園老師黃加添發現遊覽車的滅火器早已逾期三年，無法滅火。遊覽車起火後，路人除了立即報警外，也加入搶救行列。其中，幼稚園老師林靖娟原本已經逃出車外，但因惦念學生的安危，選擇重回火場，不斷上下車，來回奮勇救學生逃離火場，想從死神手中挽救更多孩子的生命。但終因火勢太大，最後懷抱四名幼童葬身火場，壯烈犧牲。這起車禍共造成二十三人死亡、九人輕重傷。

林靖娟老師的行爲不是一般人做得到的行爲，她愛人如己，甚至爲了別人願意捨棄自己的生命。捨棄生命固然不是容易的事，然而，就是要捨棄身外物的財富，對一般人也不是容易的事。耶穌教導徒眾，當世界上有人挨餓時，就該散盡自己所有的財富去幫助窮人。顯然，這樣的教誨對一般人而言，也是很難完全遵從的。慈悲、慷慨分享，都是我們共同認定的道德原則，但是道德原則的實踐有其一定的人性限制。即使撇開生命這一最極端的犧牲，仔細想想，爲了道德原則我們又能捨棄財富、名聲、時間、親情、愛情、友情到什麼程度呢？

　　通常的情況，我們無論是對自己或對別人的道德要求，大抵都有一個界限，就是不損失自己的利益爲前提。最簡單的例子是，我們通常會譴責一個霸占博愛座不讓位給老人家的年輕人，但是如果我們知道他當天因爲打工、考試，的確十分疲累，自然就會收回我們的譴責，覺得情有可原。同樣地，當我們知道有企業爲了賺錢而使用致癌塑化劑作爲食物起雲劑時，我們會強烈譴責公司主管，但是對於知情員工的譴責就不會那麼強烈。爲什麼？因爲，要求別人做出自己未必做得到的事情，實在是不近情理。然而，也是因爲我們知道人性的弱點，所以，對於能夠克服人性弱點、堅持道德原則的人，我們自然而然會敬佩、會喜歡這樣的人，尊稱他們是聖人、是義人。簡而言之，他們是有美德的人。

　　從林靖娟老師的例子，還有另一個角度來思考何謂「美德」。假設同樣是火燒車，有一位媽媽不顧危險衝上車救自己的小孩，最終不幸罹難。這位奮不顧身的媽媽顯然也是有美德的人，但是她成就的美德是母愛，林靖娟老師成就的則是大愛。母愛此一美德是有對象性的親情，大愛則是無特定對象的慈悲心，相較之下，「愛」此一美德，從「順手捐發票」的小愛，到捨身成仁的大愛，根據實踐的方式（是否犧牲自己的利益），以及實踐的對象（是否針對特定對象），似乎有個美德的光譜，引領我們從道德義務的實踐不斷去追求美德的最高境界。

　　也許，最終我們並沒有所謂「道德上正確的行爲」（morally right action），因爲有時候我們的確很難斷定什麼是道德上正確的行爲或錯

誤的行為，例如，公司新進職員知道直屬長官違反公司規定向廠商拿回扣，究竟該不該向公司舉發此事？若是不舉發就是道德上錯誤的行為嗎？Anscombe認為我們有一個更好的描述與判斷行為的方式，就是「無法容忍的」、「不公平的」、「膽小的」、「鄉愿的」。換句話說，也許我們永遠無法明確地告訴自己或別人「什麼」是對的行為，「什麼」是錯的行為，但是如果我們相信人類是理性的動物，最重要的是，我們不像其他動物單憑直覺或習慣來決定行為，而是能夠根據理性來判斷行為的理由，並選擇較「合理的」理由作為行為的準則。因此，儘管我們的行為在很多時候看起來似乎互相矛盾，但是只要那都是我們認真思考道德原則、努力追求美德的結果，我們便能夠期待一個因為活得明白而更加令自己滿意的人生。

## 參考資料

Rachels, J. (Sixth Edition by Rachels, S.) (2010). Ethical Egoism. In *The Elements of Moral Philosophy* (pp.62-79). Boston: McGraw Hill.

Rachels, J. (Sixth Edition by Rachels, S.) (2010). The Ethics of Virtue. In *The Elements of Moral Philosophy* (pp.138-172). Boston: McGraw Hill.

# 第二篇

# 設計倫理

喻肇青、張華蓀、張道本、葉俊麟、連振佑、劉時泳、丁姵元

第一章

# 設計倫理思維架構

*To be, or not to be?*

要默默地聽從上級的指示，但求保住工作？

還是為專業的尊嚴、為環境挺身反抗，

通過奮戰掃清錯誤的觀念和作法？

## 一、基本概念

### ㈠倫理抉擇需考慮行為理由（信念）與行為結果

我們在日常生活中經常遇上一些難以兩全而必須做出抉擇、並採取行動的情況。此時一個理性的人就必須考慮各種面向的因素，並基於某種理由和對各種後果的衡量做出抉擇。專業倫理上的抉擇和判斷亦復如此，但專業者所要擔負的道德責任比一般人更多，因為專業者在做決策與行動時比一般人有更多的知識與訓練基礎，也因其所具有的知識與訓練而受到一般人的委託與信賴。

在做倫理思考時，我們需要考慮兩個面向：1.行為的理由（信念）以及 2.行為的結果。

我們說服自己或他人的「理由」往往奠基於某些自己明確意識到或沒特別意識到的「信念」。這些信念包含透過生命經驗或其他管道累積下來的：「若……就……」的認知和推論；以及種種「應滿足個人的偏好」、「應維護個人尊嚴」、「應選擇最有效用的作法」、「應維護個人自由、自主」、「應維護公平正義」、「應維護人權」、「應保護生態環境」等等信念。

「若……就……」的信念有時是對的，有時卻只是一種習以為常或人云亦云而來的錯誤偏見，若不加以釐清就會導致錯誤的判斷。有許多

「若……就……」的信念或推論根本就不合邏輯，若能先看看邏輯通不通，就可省下許多白費的腦汁。但也要注意有些合乎邏輯的信念和推論的前提、所奠基的是不是事實。邏輯推論無誤但前提並非事實的推論，被稱為「有效但不正確」的論證；只有前提為真且邏輯正確的推論才能被稱為「正確的論證」。若要能根據正確論證來做判斷，那就得先檢視一下我們所持信念的前提、奠基的事實基礎是否為真，且論證的過程是否合乎邏輯。

跟信念有關的思考還涉及我們所信服的種種信念間的優先順序問題。例如：究竟是人權為重還是效率為重？究竟是生存為重還是尊嚴為重？朦朧不清和未曾梳理、排序過的信念往往使我們頭昏腦脹不知如何思考和判斷。每個時代、文化、族群和個人的優先順序都會有所不同，沒有人能一錘定音的「規定」各種信念間的優先順序。人與人之間、甚至族群與族群之間也往往會因為不同的排序而產生衝突矛盾。我們至少要想清楚自己在做判斷時採納了哪些信念、是怎麼排序，也要理解別人考慮了哪些信念又怎麼排序，這樣才能避免把別人妖魔化，進而找出一些溝通協調的空間。

正是因為事情往往有很多面向、信念又往往不只一個，而每個判斷以及隨之而來的行動會導致各種對人、對事的種種不同後果，因此在做判斷時還必須審慎的思考「行為的後果」。分析我基於某些信念以及正確而有效的推論所採取的行動，會影響到哪些人、哪些事，會在哪些面向上產生什麼樣的影響程度。這樣多面向的分析會協助我們在堅守正確的信念和邏輯的同時，開展出一些協調和討論的空間。簡言之我們在做倫理判斷時需要考慮：

1. 行為的理由（信念）：信念是否建立在正確且有效的論證上，而這涉及：

   (1) 信念是否能被驗證。

   (2) 信念的真偽，是事實或只是意見（「事實的陳述」是對真實存在並能被驗證之事的描述，「意見」則是帶著個人主觀感受、臆想與評價而無法驗證之陳述）。

⑶信念的優先順序。

2. 行為結果：必須考慮哪些人事物、哪些面向受到影響，影響的程度為何，以及行為的結果是否能符合期望效用、是否符合機率法則。

3. 無論是信念或行為結果都需要透過合乎邏輯的正確而有效的加以論證。

## ㈡影響倫理判斷的因素

世界上人與人的關係、處境、狀況如此多樣，以致於即使是法律也只能訂定最底線的標準，法官在判案時除了「法」之外也要權衡「理」和「情」來衡量量刑輕重和處置原則。日常生活中涉及種種倫理判斷，不可能樣樣都到法院請法官決斷，因此每個人都要能自己思考判斷並採取相應的行動。當我們在思考和判斷時，常會受到「框架效果」的影響，一般人也常從「效用主義」或「文化相對論」的觀點來思考，這些名詞所指為何？

1. 框架效果：框架是我們在接收訊息和思考時所戴上的濾鏡，思考時若有一個框架，會使我們容易偏向某個方向，常見的濾鏡或框架包含：

⑴語言：語氣、陳述的方法。

⑵文化：不同的文化有不同的價值、信仰而有不同的道德原則與態度（佛教徒和保護動物者都不吃肉，都有不可殺生的價值觀，但佛教徒認為不可殺生是基於殺生違背佛法戒律的信仰，而保護動物者認為不可殺生是基於其對動物權的信仰）。世界上有各種不同的道德準則，我們要尊重他人的文化與道德準則，但現有道德準則不必然是無瑕與不可改變，他也可能是在特殊生活生產方式與地理氣候環境下產生的、可能是在某種體制下被刻意形塑的、可能是在錯誤認知下產生的。在生活型態轉變、知識研究、文化交流下有其他事實與證據時，不同文化的道德準則應被認真檢視。

2. 效用主義：效用主義者認為行為的對錯決定於結果好壞，有些效用主義者進一步認為結果好壞是以行為所帶來的快樂來評斷，且所有人的快樂都等值。

3.文化相對論：文化相對論者認為道德準則沒有客觀標準，我們只能尊重無法評價多元文化中的不同道德準則。

　　「框架效果」常常讓我們帶上濾鏡思考而看不見自己的盲點。「效用主義」常常讓我們只從行為結果來思考，「文化相對論」常讓我們無法確定如何看待某個文化或族群中的道德判準和排序。雖然我們無法提供同學一個放諸四海而皆準的絕對律法，但也想提醒同學在做判斷時有意識地檢討反思我們可能受到哪些「框架效果」的影響，也想想如何看待「效用主義」和「文化相對論」這兩種信念。

### 練習

1. 同學們可以就某個議題提出自己的考慮，互相討論彼此受到哪些「框架」因素影響？
2. 與採用「效用主義」的同學彼此辯論一下效用主義的優缺點。
3. 與採用「文化相對論」的同學彼此辯論一下文化相對論的優缺點。

## 二、行為的理由（信念）要建立在正確且有效的論證基礎上

　　如何檢視信念的真偽和正確性？又如何判定是否是符合邏輯的推論？行為的結果又該考慮哪些面向？

### (一)如何檢視信念的真偽和推論的有效性？

　　為了方便敘述，讓我們把「若……就……」或者「若且惟若……就……」這樣的信念稱為一個「命題」，其中放在「若」後面的事情以「P」來代表（將這個放在前面的P前提稱之為「前件」），另將放在「就」後面的事情以「Q」來代表（或者將這個放在後面的Q結論稱之為「後件」）。我們在考慮信念的真偽和推論的有效性時須注意：命題本身的前提與結論的關係是否正確，以及要邏輯論證的真偽關係：

1. 命題中各個詞句的定義：各種詞句所指涉的是什麼？定義為何？涵蓋了些什麼？

2. 要思考命題中的前提（前件）是否能推導出命題中的結論（後件）？

   ⑴是否有事實、證據、經驗，或合理性支持……判斷真偽的標準為何？

   ⑵要考慮取樣範圍與方法，以及隨機因素的影響。

   ⑶要考慮前後件可詮釋、說明的範圍，以及範圍的適切性。

3. 命題的必然性：這是否是任何情況都應該遵守的絕對性道德原則？是由誰決定、依什麼理由決定？可不可以有例外？

   ⑴是「若且唯若P則Q」的關係或者「若P則Q」的關係；是否有其他可能？

4. 命題的運用與推論：當我們確認一個命題中的前提與結論的關係是正確的，我們就可以把要判斷的事情帶入這個命題來推斷真偽。首先要判斷前提P（前件）和結論Q（後件）的真偽，若符合敘述則為「真」並以T（True）來代表，若不符合敘述則為「偽」並以F（False）來代表。確認後即可根據前件和後件的真偽，用在下面的表1-1「真值表」中的第一欄和第二攔找出符合的一列，以此看看「若P則Q」或「若Q則P」等等推論是否正確。

表1-1　真值表

| P | Q | P∧Q | P∨Q | P→Q | P←Q | P↔Q |
|---|---|---|---|---|---|---|
|   |   | P且Q | P或Q | 若P則Q | 若Q則P | 若且唯若P則Q<br>若且唯若Q則P |
| F | F | F | F | T | T | T |
| F | T | F | T | T | F | F |
| T | F | F | T | F | T | F |
| T | T | T | T | T | T | T |

5. 邏輯思考的例子：假設有人提出一個「若P則Q」的命題，說：「如果是臺灣人，就會講臺灣話」，並以此說「某甲是臺灣人」所以「某甲會說臺語」，我們要如何思考這個命題和推論呢？

如果我們直接接受「如果是臺灣人，就會講臺灣話」這個命題。我們首先要去驗證某甲「是不是臺灣人」，接著驗證他「會不會講臺灣話」，若他是臺灣人（P為真），但是不會講臺灣話（Q為偽），那麼就要看表格的第二列，對到若P則Q那一欄，就會發現這個命題是錯的。

大家仔細看若P則Q那一欄，會發現即使前提和結論都是假的，若P則Q也為真（這個「真」的意思是指推論可以成立，無法判斷這個命題的真偽），唯一能檢測一個「命題」本身是否有問題的方法，只能找一些前提為真，但結論為偽的例子，若能找出這樣的例子，就表示命題有問題。以這個例子來說，很多臺灣的年輕人不會講臺灣話，由這個反例可證明「如果是臺灣人，就會講臺語」這個說法是錯誤的。

當然，這涉及怎麼定義「臺灣人」的問題。必須釐清：「臺灣人」是在臺灣出生的人？還是在臺灣住了多久的人？還是家族已經在臺灣住了幾代的人？等等問題，以便辨認某甲「是不是」臺灣人。釐清之後，也許會發現我們原本說的某甲其實不符合我們的定義，那我們就沒法論證這個命題不對。

接著又涉及怎麼認定「會不會講臺灣話」的問題，臺灣話就是「福佬話」嗎？是要講得多流利、或者通過考試才能算「會講」臺灣話呢？釐清這些問題之後，才能辨認某甲「會不會講臺灣話」。

根據某甲是臺灣人，但他不會說臺灣話的事實認定，使我們發現「如果是臺灣人，就會講臺灣話」這個命題似乎有問題。因此我們可以重新檢討「臺灣人」跟「會講臺灣話」的前提與結論的關係究竟為何。

若我們以P代表臺灣人，以Q代表「會講臺灣話」

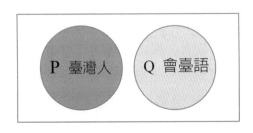

原本的「如果是臺灣人，就會講臺灣話」會如下面的圖示：

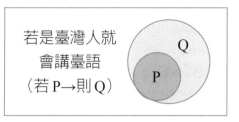

不過前提和結果還可能是以下關係啊！

有些臺灣人會講臺語
有些會講臺語的是臺灣人

大家討論一下你們會如何定義「臺灣人」、如何定義「會講」「臺灣話」，又認為前提和結論的關係為何呢？其實很多政治人物在競選時的口號都可以拿來檢驗看看，會滿有趣的喔！大家可以自己舉例檢驗一下。

在上述討論後，我們建議大家在檢視各種命題時的順序如下：

⑴首先先想「如果是臺灣人，就會講臺灣話」這個大前提（理由、信念）中各個名詞的定義。

⑵測試「如果是臺灣人，就會講臺語」這個大前提的真假（找一些反例套入真值表中看看命題是否為真）。

⑶然後再想「某甲是臺灣人」這個小前提的眞假（根據定義、找證據來佐證前件是否爲眞）。

⑷接著用邏輯（若P則Q……）來推出結論。

## 三、行爲結果的分析

行爲結果的分析不能想當然耳的加以論斷，必須思考行爲在不同時間向度和面向上會對哪些關係人，造成哪些正面和負面的影響。

㈠對哪些現在和未來的人、事、組織、體制、觀念、作法產生影響？各產生什麼短期、長期的正面影響或負面影響？

㈡影響的評斷的標準爲何？是合理的評斷標準嗎？是否有其他評斷標準？不同評斷標準間的優先順序爲何？

㈢影響的程度……可以預測與計算嗎？計算的方式爲何？

㈣不要用常識判斷（我們常被語言、文化、成見、情感所誤導），要一一評估、歸納、整理與思考。

## 四、當各種信念判準、行爲結果判準有差異時

信念判準的思辨結果和行爲結果分析所得到的結論不見得吻合，這時候怎麼辦呢？我們可以試著就下列面向思考，並由相關討論找出最終的刑度方案：

㈠信念或行爲判準的眞僞，是否有證據或經驗支持？

㈡信念或行爲判準是「假設性義務」或者「絕對義務」？

㈢是否可能找出最基本的共同價值基礎？

㈣過去、習以爲常的判準是否是無準的、不可能改變的？

㈤會影響哪些向度、哪些對象？誰有權發言？誰有權決定、如何形成決定？

## 五、倫理判斷的架構與程序

由於要考慮的面向和因素很多，在此提出一個比較簡化的思考架構和

程序，協助同學們整理思緒。

在此架構下，同學們可參考下列的倫理思考程序來整理思緒，如圖
1-1：

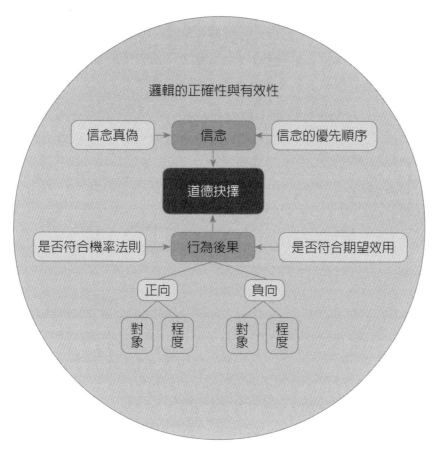

圖1-1　倫理判斷的思考架構

(一)列舉各種考量因素
(二)信念的分析
1.列出各種考量因素所涉及的信念，並列出重要性的優先順序。
2.分析信念的真偽與有效性。
　(1)先定義信念中所涉及名詞（所指涉的究竟是什麼？涵蓋哪些東
　　西？）。

⑵信念中的前提與結論的關係是否為真。

⑶是否有其他的可能。

⑷這些信念是一種絕對道德嗎（誰訂定、其權威性何來、為何不會有錯誤、為何要遵循）？有沒有例外？可不可以有例外？

⑸信念中所指涉的事是否是有證據可驗證的事實。

⑹推論的過程是否合乎邏輯，是否是正確而有效的論證。

㈢行為後果的分析

1. 列出行為在不同面向、不同階段、對不同對象所產生的正、負面後果。

2. 分析行為獲得預期效果的機率。

3. 分析各面向的利弊得失，想想是否能符合預期的效用。

㈣檢視分析過程是否受到框架效應的侷限

㈤綜合分析，並採取行動

第二章

# 設計人與其他人的關係

空間設計專業所涉及的關係人究竟有哪些？他們之間的關係為何？下面的圖試圖整理一般認知下，設計人與關係人的關係，請根據你的專業領域想想看有沒有要增刪之處。

在做專業倫理思考時，哪些關係人是我們最應該、或者實際上最主要的關照對象？

設計人的關係人：當前的一般認知如下，你同意嗎？

在做道德思考時，關係人的重要性是這樣嗎？

你會怎麼畫這張關係圖？

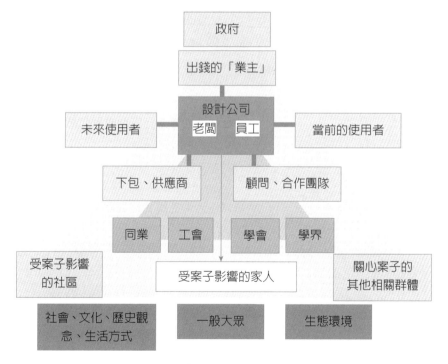

圖2-1 一般認知中設計人的關係人[1]

---

[1] 本圖由張華蓀老師提供。

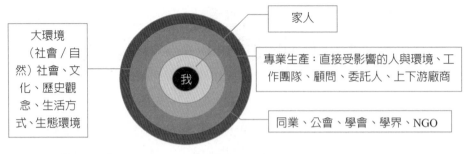

圖2-2　人我關係圖[2]

# 一、專業之間的關係又應該如何[3]？

## ㈠眞實世界與專業分工

　　生活是一個不可分割的整體，任何專業也只能針對生活中特定的局部提供服務，專業「分工」的目的，也只是爲了更有效地服務社會。而事實上，在我們一般的現實經驗之中，分工反而造成了專業之間合作的困難，也形成了專業之間的斷裂。分工而不能合作的問題，是因爲專業分工的「現實社會」並無法回應生活所在的「眞實世界」。

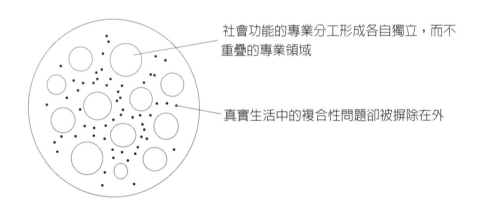

社會功能的專業分工形成各自獨立，而不重疊的專業領域

真實生活中的複合性問題卻被摒除在外

---

2　參考費孝通於1947年出版《鄉土中國》一書中所提之「差序格局」概念。

3　下文圖說引用喻肇青老師上課講義。

## (二)眞實世界的生活課題

我們活在一個不需要「合理化」就已存在的「眞實世界」之中。在這個眞實的世界裡，生活的所有眞實課題都是相互重疊、環環相扣，組成爲一個複合的狀態。在這個錯綜複雜而又整體呈現的狀態之中，這些不同課題的範圍界限非但並不清晰，同時更彼此交疊，且產生許多有機互動的關係，而眞實的生活就發生在這有機的關係之中。

## (三)現實社會的專業分工

然而，爲了因應社會的需求，滿足社會功能的分工，我們必須將眞實生活中的事物歸類於各種不同的專業領域之中。此時，每一個專業領域的界限，反而變得非常確定而清晰，而各個領域之間也絕不重疊，甚至保持一定的距離。因此，每一個專業領域各司其職，各有其社會任務。而事實上，從社會資源的分配來看，被社會機制保障的專業分工，也同時壟斷了部分的社會資源，形成了專業權利對一般生活者的權利宰制關係。即使我們必須接受專業分工的事實，在我們的經驗中，眞實問題是很難被完全歸納在各個專業領域，除非將問題分化、概念化或簡化，才能勉強地被納入專業領域。於是，整體而錯綜複雜的有機關係被拆散了，複合性的生活議題也被摒除於各專業領域之外；即使我們相信局部的問題可以被專業處理到相當的程度，而局部結果的總合並不等於整體。換句話講，眞實的生活是無法被全整地照顧到。

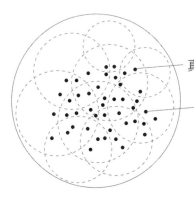

真實世界的環境議題相互重疊成為一有機的複合體

真實的生活是容納在這錯綜複雜的關係中

### ㈣專業與眞實生活關係的調整

　　專業分工如果是一個不得不接受的事實，我們如何面對這樣的困境，是每一個專業必須深刻反省的。在這裡提出兩個修正的策略。首先，我們必須在觀念的層次上，以個別的專業爲中心，擴大每一個專業關懷的範圍，如此不同的專業就必須有所交疊，在共同關懷的範圍之內，透過對話呈顯各專業不同的認知與價值，相異的價值可以彼此學習，相同的價值可以共享。如此不同專業領域關懷範圍內所含蓋的生活課題，就會有相互交疊的可能，似乎可以回到前一個diagram所描繪的現象。然而，雖然專業之間有了交疊的可能，如果專業的操作仍然侷限在各自封閉的系統之中，那麼分工而不合作的現象，將依然不存在。因此，第二個策略就是在專業的領域界定上，每一個專業都應該啟開一些「缺口」，一方面可以吸納眞實生活的養分，另一方面更可以將專業的智慧與技能投入眞實生活之中。如此，在原有界定清晰的專業關係之間，可以形成一個有機而互動的專業運作方式，也可以保持自我批判與反省的趨動力，眞實的生活便能得到關照。於是我們需要一種作用力游走於各個領域之間，不斷地擴大各專業關懷的範圍，同時也隨時保持各專業領域的缺口，我們稱之爲「融滲」作用。

### ㈤小結

1. 不會反省的專業，不能稱作「專業」。
2. 我們應該反省各自封閉、獨立的專業分工逐漸走向專業合作。
3. 設計倫理目標在於教導同學：有責任去做某些事。例如：公義、賑災、社會責任。

## 二、倫理四平衡

　　Roberts（2006）認爲設計是商業環境的一部分，而商業環境則是世界的一部分，三者是互相連結的。因此提出商業設計決策過程，需同時考量四個面向的議題：

| 財務問題<br>（financial） | 個人議題<br>（personal） |
| --- | --- |
| 社會議題<br>（social） | 環境議題<br>（environmental） |

## (一)財務議題

1. 量：你了解這些創作過程有無過多製造成只是單一的工藝？
2. 利益：你知道多少錢的計畫可為自己與客戶賺取多少利潤？
3. 市場（Marketability）：你真的知道目標消費者嗎？
4. 品質：你知道你的客戶想要的品質？
5. 所有權：你知道誰將擁有你的設計？
6. 版權（Copyright）：你知道你有沒有複製或不公平的獲取別人的創意嗎？
7. 成本效益（Cost-effectiveness）：你的設計有為產品獲取最大效益？
8. 吸引力（Appeal）：你的設計是被需要的？經得起時間的考驗？
9. 供銷（Distribution）：了解設計的大小和產量影響供銷的花費。
10. 競爭力（Competitiveness）：你的設計將凌駕領導市場，而非仿效他人？
11. 可行的（Feasibility）：你的設計在產生的過程中是實在的且可行的。
12. 創新（Innovation）：你的設計是全新的創新？

## (二)社會議題

1. 傳達（Communication）：你的設計形式傳達一些正面訊息給讀者嗎？
2. 無能力（Disability）：你選擇的形狀或色彩對於那些視覺或其他有損傷的人，易讀易辨識嗎？
3. 老年（Third age）：你選擇的字大小色彩或編排對於年長的人，易讀易辨識嗎？

4. 孩童（Children）你的設計鼓勵孩童學習與發展潛能嗎？

5. 教育（Education）：內容有正面教育意義嗎？

6. 給能力（Empowerment）：內容將幫助人們有能力？

7. 健康（Health）：內容將幫助或增進健康？

8. 安全（Security）：這些內容將幫助人們維持安全？

9. 貧窮不足（Poorty）：內容鼓勵非必要的花費？

## ㈢個人議題

1. 有益的（Utility）：你的設計提供一個有用的功能？而不是只是好看？

2. 可用的（Usability）：你的設計更易閱讀和容易了解？

3. 便利的（Convenience）：你的設計當需要的人需要時，容易被取得？

4. 有趣（Fun）：你的設計將使消費者覺得有趣？

5. 快樂享樂（Pleasure）：你的設計將使感官愉悅？

6. 供給力（Affordability）：你的設計將使有的工作能力者能公平的出價？

7. 啟示（Inspiration）：你的設計的鼓勵使用者去做或去想一些新的事物？

8. 感知（Awarenesss）：你的設計提升讀者對於一些未知的理解？

## ㈣環境議題

1. 再循環（Recyclability）：你的設計可以回收？如果他黏合或組合了非可回收的材料？

2. 浪費（Waste）：在印刷的過程有多少的浪費？

3. 能源（Energy）：多少能源將被使用在紙張和製造，及印刷和產銷設計的過程中？

4. 有毒（Toxicity）：在漂白紙張的過程，是否有氯的使用，造成有毒物質產生癌症？

5. 減量（Minimalistaim）：你能調整設計，讓紙張減量嗎？

6. 污染（Pollution）：在你使用的油墨中，多少有毒的的溶劑？

7. 生化溶解（Biodegradability）：你使用的紙張和油墨，可以生化溶解？

8. 回收（Returnablity）：你的設計品可以被回收再使用？

9. 新興經濟體（Emergicy Economies）：你的設計材料的使用，是利用第三世界工人生產的？

資料來源：Roberts, L. (2006). *Good: an introduction to ethics in graphic design.* Switzerland: AVA.

## 三、有倫理的商業設計

　　Findeli（2001）認為未來設計的框架是倫理而非技術，因為設計師每次從事設計時，同時也正在改變世界。他強調每個視覺概念和技術性的行為，永遠應是道德的行動。Vezzoli（2003）認為如何打破傳統設計的思考只窄化於設計的行銷與效益，以經濟作為主要的決定性因素；僅只考慮消費者的立場而忽視全人類的權益。跳脫設計過於強調產品與物質本身，只著重在造型和外觀的美學；倫理的規範也不僅只限於商業契約和同意書中的規則。

　　國際商管教育認證（AACSB, 2003）和國際平面設計協會（Icograda, 2000）均表示對倫理道德的重視。在他們所提議的課程標準中，將商業倫理和道德教育的重要性提高，並把它列為「第一且高度」的優先重點（AACSB, 2003; Icograda, 2000; Philips, 2003）。Drumwright and Murphy（2004）認為倫理教育早點使學生在學習的作業和實習中認知倫理議題。他也相信在倫理問題發生前，教育可做好準備，並協助學生學習做適當處理，包含取得較好的決策、對的行動計畫、或有助益的原則。

　　任何商業設計決策都可能對環境社會和個人帶來重大的影響，有愈來愈多的設計師開始省思到「不良設計」對環境的破壞問題（Sims and Felton, 2006）。不幸的是，環境無法承受這種快速耗費生存資源的結果，因此政府、企業與商業設計師必須共同努力創造可永續發展和產銷系統，主動積極學習認識與運用綠色技術，將環境保護概念落實於設計的策略與製程中。在設計生產階段，減少資源浪費和環境破壞，並將材料

再利用，以達永續環境的需求（Benson, 2008；Borsboom, 1992；Burall, 1992）。世界各國也紛紛透過法律，推動設計對環境的保護。

　　各國的設計協會或組織，紛紛提出許多要求會員遵守的專業準則。如國際平面設計社團協會（Icograda）、美國平面設計協會（AIGA）、美國環境平面設計工會（SEGD）、澳洲平面設計師協會（AGDA）、和加拿大平面設計師協會（GDC）等，其平面設計師的專業準則，以強化設計師對公眾、其他設計師、雇主、環境、社會、和對法律的責任。

## 四、商業設計倫理的議題

　　Kane（2010）將商業倫理分三個面向探討，分別為設計專業中與法律的論述、設計工作中所面臨的道德議題、和設計師對社會環境的道德決策議題。另外，整理世界各國相關商業設計組織所提出的倫理準則，可看出對商業設計倫理所關心的共同議題，包括設計師的專業責任、設計師對其他設計師的責任、設計師對公眾的責任、設計師對客戶與雇主的責任、設計師對環境的責任、設計師對社會的責任、與設計師在法律的責任等。

　　美國平面設計協會（AIGA）（2009）提醒設計教育者、業主、專業設計師和大眾，關注倫理議題並提出建議。在探討設計師應注意的倫理議題，其內容包含字形使用、插畫與影像使用權、軟體使用、和智慧財產權。同時，設計師應考量除了目標消費者以外，還有潛在消費者與廣大視聽大眾的權利，尤其應關注有些弱勢族群，如老人和身心障礙者的設計思考。

### ㈠設計師對法律的責任議題

　　由於現今網路與應用軟體的使用便利，使得設計師在設計實務中，稍不注意即容易誤觸法律相關的問題。以下敘述幾種常見的設計與法律相關的倫理議題。設計師最常面臨的法律議題大多與智慧財產權有關，還包含抄襲與挪用、雇傭作品、影像與字體使用權等相關法律知識。

　　智慧財產權法定義了設計師對其創作的作品所有權保護，其優點除賦予設計師權力，可以商談版稅或其他費用，並且可以避免競爭者竊取其

設計。其以保護表達的形式，而非保護觀念。臺灣智慧財產權可以分為三方面，一是著作權，二為商標權，三為專利權，範圍涵蓋文字、圖形、顏色、聲音和立體形狀等保護。但是根據新修的法律，則增加氣味、動畫、手勢等都受到保護，且將於2012年開始施行（陳運星等，2010）。有關著作權的保護，主要是指保護文化創作，例如圖形著作、攝影著作、美術著作等；商標法是主要為了保護知名商業的表徵；至於專利權則是為了鼓勵技術創新，例如新型專利與設計專利。除此之外，公平交易法對未註冊的設計，基本上是仍有保護的，尤其對普遍被社會認知具有商業識別度的設計，或明顯會對識別產生混淆的設計（陳運星等，2010）。以抄襲（Plagiarism）為例，指的是在商業設計中的法律議題，它未經過授權，或以模仿現有的作品，或再呈現作品當成自己的原創作品（Kane, 2010）。如何分辨原創或抄襲挪用，有時需依據實際現況，提出有利之相關證據和說明，再由法官的自由心證做判定。

影像使用權（Image Usage Right）中的影像，包含影片、攝影、插畫等，處理攝影的契約是非常容易混淆的，攝影師必須要了解攝影授權，不僅指在販售照片而已，通常還包含以下許多不同的情況來訂定（Masoner, 2011）。第一種是商業授權（Commercial Right），是為商業目的而使用的；第二種是非商業授權（Non-Commercial Right），這樣的影像主要是用在非企業型態的組織用途，例如，非營利組織的刊物等；第三種是首先使用權（First Right），指的是擁有第一個可以使用此影像出版的權利；第四種，連續使用權（Serial Right），也可稱為獨家使用權。意指當使用權售給甲方，就不能賣給乙方，與第一使用權的差異，即是賣給甲方第一使用權後還可以繼續賣給其他買方使用；第五種是非獨家使用權（Non-Exclusive Rights），這個圖像可以被合理的銷售給許多買方使用，也可以在同時間，快速廣泛且大量地被使用；第六種是一次使用權（One Time Use Right），指的是只能夠使用這個影像一次的權利；第七種是歷史使用權（Usage History），這樣的影像是為了看過去的使用歷史，或者是管理庫存影像而使用。除此之外，有一種常常被用來當作商業用途的攝影圖

庫，可根據使用情況來訂定收費標準，包含：圖片的大小、位置、流通率、分布（例如地方性、全國性、國際性）、使用的時間長度、圖像的唯一性和生產的成本（Wanke, 2011），皆有不同的價格。

各國所訂定的設計相關法令，也是商業設計師必須遵守的。為了建構無汙染的環境，世界各國皆透過立法，以推動設計對環境資源的保護。以包裝為例，歐盟訂定的包裝廢棄物指令（PPWD），要求會員國配合採取措施，達到回收利用與再生的指標。各國採取各種管制政策，例如：韓國、日本、加拿大等採用從包裝容積、層數、成本與價值比例等訂定限制標準；比利時對非紙製包裝和不能滿足回收要求的產品，徵收包裝稅；荷蘭對垃圾計量收費，促使減量包裝；德、法、瑞等國則選擇加大生產者責任等方向，訂定法規予以規範。

歐盟依據包裝與包裝廢棄物指令（Packaging and Packaging Waste; PPW），在2004修定條文要求會員國應採取措施，以達到回收利用及再生的指標，包含2010年前規範包裝廢棄物採重量計，最少達50%、最多65%的材料可以回收再利用或以能源回收；2008年前，包裝廢棄物之材料要達到的回收目標為：玻璃60%、紙及紙板60%、金屬50%、塑膠28.5%、木材15%。另外在包裝中規範重金屬濃度，包含鉛、鎘、汞、六價鉻等四種重金屬的收集方式與限定濃度，在2001年日起濃度不可超過100ppm（李登銘，2005）。另外，英國也於2007年修定包裝法令，以配合PPWD（Packaging & Packaging Waste Directive）的要求，由環境管理及相關部會組織，推動自願包裝和減量的工作，因此英國各零售與百貨通路業，包含Boots, Tesco, Marks & Spencer等品牌，共同簽定自願包裝減量協議。以Tesco為例，表示將於2010年減少25%的包裝廢棄物，其具體作為有：使用無托盤塑膠袋包裝雞肉，減少68%的重量；不使用礦泉水間固定的塑膠支架，一年減少603噸的塑膠使用。（閆嬰紅、張雅雯，2006）。同時德國於1991年起，推動「包裝廢棄物避免法」及後來的DSD「綠點」雙向回收系統，要求製造商進口商與零售商負起回收利用與再製造的責任（白桂芳，2011）。綜觀目前國際對過度包裝的管制政

策，大致分為三類：第一類是標準控制型：對包裝容積、間隙、層數、成本與價值比例等訂定限制標準，如韓國、日本、加拿大等國；第二類是經濟手段控制：如比利時對非紙製包裝和不能滿足回收要求的徵收包裝稅，與荷蘭對垃圾計量收費，促使選擇簡單包裝；第三類為加大生產者責任：由商品生產者負責回收包裝，如德國、法國、瑞典等國。臺灣現行政策屬於第一類，我國於2005年修訂「限制產品過度包裝」法規，限制禮盒的包裝層數、包裝體積比值、與採用單一材質包裝等，管制包含糕餅、化妝品、酒等禮盒及電腦程式著作光碟等包裝；另自2006年再增加加工食品禮盒。在消費者保護法第26條，明訂除了為防霉、防潮、防塵或保存之必要包裝外，不可過度包裝。施行後依據環保署公布之數據，包裝重量減少7,300公噸，減量27.4%。但產品種類繁多且多樣性，法令上所訂定的包裝法令範圍沒有擴及到所有層面，和主管機關的政策管理人力不足、行政程序繁瑣，稽查成效與政策宣導效果不彰（白桂芳，2011；張道本、丁姵元，2012），仍有很大的改進空間。

## 參考資料

Findeli, A. (2001). "Rethinking Design Education for the 21st Century: Theoretical, Methodological, and Ethical Discussion." Design Issues, 17(1), 5-17.

Vezzoli, C. (2003). "A new generation of designers: perspective for education and training in the field of sustainable design." Experience and projects at the Politecnico di Milano University. Journal of Cleaner Production, 11(1), 1-9.

Drumwright, M. E. and Murphy, P. E. (2004). "How Advertising Practitioners View Ethics." Journal of Advertising, 33 (Summer), 7-24.

Sims, R. R. & Felton, E. L. (2006). "Designing and delivering business ethics teaching and learning." Journal of Business Ethics, 63(3), 297-312.

Benson, E. (2008). "Why a sustainable design revolution must and will happen." NoD online design magazine. Retrieved April 3, 2010, from http://

www.notesondesign.net/inspiration/design/why-a-sustainable-design-revolution-must-and-will-happen/.

Stone, J., Rigsby, L. (2009), AIGA, Design Business and Ethics.

Wanke, W. (2011) Photography Pricing Quotes, retrieved December 10 2010 from http://photography.lovetoknow.com/Photography_Pricing_Quotes.

Masoner, (2011) Photography Rights - Licensing Your Work, Retrieved December 12 2010 from http://photography.about.com/od/copyrightinformation/a/photorights.htm.

陳運星等（2010）。當設計遇上法律：智慧財產權的對話，臺北：五南。

閆嬰紅，張雅雯（2006）。「消費者對綠色包裝的認知程度」。亞東學報，第26期，頁143-150。

李燈銘（2005），PPW指令與綠色包裝設計，臺灣環境管理協會綠色設計聯盟電子報，第21期。

白桂芳，陳俞豪、王建鈞、蔡正桐、許麗貞、呂清海（2011）。提昇機關政策執行力之探討——以我國資源回收再利用法限制產品過度包裝政策為例，T&D飛訊第117期，頁1-47。

張道本、丁姵元（2012）。「知易行難，有看法沒辦法——臺灣商業設計產業對綠色設計的現況與問題探討」。2012年企業倫理教育創新與主會責任精進研討會。

第三章

# 各領域專業倫理行為法則比較

　　空間設計專業究竟要遵守哪些倫理守則？放在實務經驗中又要如何思考和運用呢？

　　由於臺灣的空間專業有些尚未訂定倫理準則，有的倫理準則寫得比較簡略，因此後續討論將先以美國建築師協會（AIA）所制定的倫理與行為準則作為後續的討論依據。

　　AIA的倫理與行為準則依序提出六項準則。這六項準則分別為：

準則一：一般責任

準則二：對公眾的責任

準則三：對委託人的責任

準則四：對專業的責任

準則五：對同業的責任

準則六：對環境的責任

　　每項準則下都先說明各個準則的核心精神，然後再分項列舉該項準則中所需依循的具體倫理準則。整份倫理與行為準則各個項目的順序隱隱地標誌著考慮的優先次序，同學們可以討論你們對這些排序的看法。附錄中也放了美國景觀師協會（ASLA）的倫理守則，同學們可以比較兩個協會倫理守則的差異，找找臺灣建築、景觀、室設、商設專業的倫理守則，與同學討論可以如何訂定或修改我們既有的專業倫理準則。

# 一、美國建築師協會倫理與行為準則[1]
## （2007 AIA Code of Ethics & Professional Conduct）

| 準則一　一般責任 |
| --- |

成員須維護與發展建築藝術與科學的知識。要尊重既有的成就，要為其成長做出貢獻，要周全地考慮專業活動對社會與環境的衝擊，要運用習得的以及不打折扣的專業判斷。

Members should maintain and advance their knowledge of the art and science of architecture, respect the body of architecture accomplishment, contribute to its growth, thoughtfully consider the social and environmental impact of their professional activities, and exercise learned and uncompromised professional judgment.

倫理準則1.1　知識與技能：成員必須努力增進其專業知識與技能。

(1)行為規範　執行業務時，成員必須展現適切的謹慎與能力，運用當地優質建築常用的知識與技能。

倫理準則1.2　追求卓越：成員應持續地提升美學、建築教育、研究訓練與執業標準。

倫理準則1.3　自然與文化遺產：成員在致力於改善環境與生活品質時，必須尊重並協助保存其自然與文化遺產。

倫理準則1.4　人權：成員必須在執行所有專業業務時都維護人權。

(1)行為規範　成員在執行專業業務時不應因族群、信仰、性別、祖籍、年齡、身心障礙，或性取向而歧視或給予差別待遇。

倫理準則1.5　相關藝術與產業：成員必須促進與相關藝術的聯盟，並使之對整體建築產業的知識與能力有所貢獻。

---

[1]　本章節由張華蓀老師翻譯The American Institute of Architects美國建築師協會網站中所附之建築師倫理與行為準則。

# 準則二　對公眾的責任

成員必須全心接納規範專業事務之法律的意旨並遵循法條，於專業活動中增進與服務公共利益。

Members should embrace the spirit and letter of the law governing their professional affairs and should promote and serve the public interest in their professional activities.

倫理準則2.1　　行為：成員在執行專業業務時必須遵循維護法律。

⑴行為規範　　成員在執行專業業務時不應明知故犯地違反法律。

⑵行為規範　　成員不應以金錢或禮品賄賂官員，企圖影響其對成員所執行或可能執行之案件的決策。

⑶行為規範　　成員在執行公共業務時不應接受意圖影響成員決策的金錢或禮品。

⑷行為規範　　成員不應參與那種涉及罔顧他人權益之詐欺、不道德與浪費公帑的行動。

⑸行為規範　　成員在案子的過程中若發現業主的決策有違法律並會在案子結束時危及公眾安全時，應：

　　　　　　　a. 給予業主反對的意見

　　　　　　　b. 拒絕同意業主的決定

　　　　　　　c. 將此決定向當地建築審查機構或其他執行法律與規範的公家單位報告，除非成員能圓滿的以其他方式解決問題。

⑹行為規範　　成員不應對那些明知是從事詐欺或違法行動的業主給予建議與協助。

倫理準則2.2　　公共利益服務：成員必須提供公共利益上的專業服務，包含為慈善機構、窮人、災民或其他緊急狀況的人提供的免費專業服務，並鼓勵其雇員安排類似的服務。

倫理準則2.3　　公民責任：成員必須參加公民和專業活動，並致力於提升公眾對建築師的評價、了解建築以及建築師的責任。

⑴行為規範　若成員與某議題有經濟利益關係，或是在某種妥協下發表對建築議題的公開言論時，必須將此狀況加以說明。

## 準則三　對委託人的責任

成員必須以專業的態度與能力服務委託人，在所有的專業活動中都應不帶偏見與歧視地下判斷。

Members should serve their clients competently and in a professional manner, and should exercise unprejudiced and unbiased judgment when performing all professional services.

倫理準則3.1　能力：成員必須提供委託人適時而有水準的服務。

⑴行為規範　成員在提供專業服務時，必須考慮相關法律與規範，並尋求其他有能力的人釐清各種規範的內容與意義。

⑵行為規範　成員在團隊具有足夠專業能力（教育、訓練與經驗）處理案子以及所涉及的特定技術時才去接相關的案子。

⑶行為規範　成員不應在未知會委託人的情況下改變案子的處理範圍和目標。

倫理準則3.2　利益衝突：成員在執行專業服務時應避免利益衝突，並當有利益衝突時將所涉及的利益衝突透明公開。

⑴行為規範　當成員的專業判斷會受對另一個案子的責任、受其他人或專業者本身利益影響時，就不應提供專業服務。除非此案所有必須仰賴成員專業判斷的人，在公開透明地討論後接受這樣的情況。

⑵行為規範　成員受託對合約以及合約執行成果做獨立評斷時，應公平地進行評斷與決定。

倫理準則3.3　坦白、誠實：成員在與委託人進行專業溝通時，應坦白誠實地讓業主對案子有合理的了解。

| | |
|---|---|
| (1)行為規範 | 成員不應故意或魯莽地誤導現有或可能的委託人，讓他們對成員專業服務的成果有錯誤的想像，也不可以聲稱他們可以違背法律或本倫理規範來達成業主想要的結果。 |
| 倫理準則3.4 | 保密：成員必須維護委託人對他們的信賴。 |
| (1)行為規範 | 成員不應故意揭露對委託人造成不利影響的資訊，或者他們被要求保密的資訊。除非委託人同意，或者在相關法律或本倫理規範要求下才能揭露這些資訊。 |

## 準則四　對專業的責任

成員必須支持、支撐建築專業的正直與尊嚴。

Members should uphold the integrity and dignity of the profession.

| | |
|---|---|
| 倫理準則4.1 | 誠實與公平：成員在執行專業服務時應秉持誠實與公平的原則。 |
| (1)行為規範 | 當成員掌握足夠的資訊足以相信另一成員違背本倫理規範，對其可誠信以及作為建築成員的適當性有嚴重疑慮時，應該報告全國倫理委員會。 |
| (2)行為規範 | 成員不應為不在其掌控下的圖、調查、報告或其他專業成果簽章背書。 |
| (3)行為規範 | 成員以其專業來發言時，不應故意提出錯誤的陳述或物證。 |
| 倫理準則4.2 | 尊嚴與正直：成員應經由他們的行動來努力提升專業的尊嚴與正直，並確保他們的代表以及員工的行為符合本規範。 |
| (1)行為規範 | 成員不該對其本身的專業資格、經驗或表現做誤導、欺瞞或錯誤的陳述，而應精確地對其所負責的工作陳述他的工作範圍和本質。 |
| (2)行為規範 | 成員應付出合理的心力，確保受他們督導者的行為能符合本規範。 |

## 準則五　對同業的責任

成員必須尊重同業的專業創作靈感與付出所產生的知識與權利。

Members should respect the rights and knowledge the professional aspirations and contributions of their colleagues.

倫理準則5.1　專業環境：成員必須為他們的公司與員工提供合宜的工作環境，給予員工合理的報償，並協助其專業成長。

倫理準則5.2　實習生與專業成長：成員必須認知其在培育後進上的責任，並協助其在各個專業生涯階段（從在學校接受專業教育，進階到實習生，以至於其專業生涯）上的成長。

倫理準則5.3　專業上的肯定：成員必須將他們的專業聲譽建立在其專業服務與表現的功績上，並對於其他成員在專業上的成就給予肯定（credit）。

(1)行為規範　成員必須認知並尊重其員工、老闆、專業夥伴、商業夥伴的專業付出。

(2)行為規範　成員在離開公司時不可以不經老闆或合夥人允許就私自攜出設計、圖面、資料、報告、筆記或其他與公司業務相關的資料，不論這些資料是否是由成員本身所完成。

(3)行為規範　除非涉及機密，成員不應不合理地不允許離職員工或合夥人保留其所參與完成的設計、圖面、資料、報告、筆記或其他與公司業務相關的資料。

## 準則六　對環境的責任

成員在從事專業活動時，必須促進持續性設計與發展的原則。

Members should promote sustainable design and development principles in their professional activities.

倫理準則6.1　可持續設計：成員在從事設計工作時必須對環境負責任，並倡議可持續的建築與基地計畫。

倫理準則6.2　可持續發展：成員在從事專業服務時應在設計、營建和運作上都倡議可持續的建築與社區。

倫理準則6.3　可持續的實踐：成員應該在其公司以及專業組織中以可持續的方式行動，並鼓勵其業主如法炮製。

## 倫理規範之實行規則以及執行與修正

實行：本倫理規範適用於所有AIA成員的專業行為。

執行：

1. 規範由AIA理事會指派的全國倫理委員會來執行。

2. 對違反倫理之成員的正式申訴，是由成員、components（協會工作人員）、或受害者將申訴案直接送到全國倫理委員會。

3. 全國倫理委員會可以做出之懲處包含：

　　(1)訓誡、警告

　　(2)責難

　　(3)停止會權一段時間

　　(4)中止會員資格

4. AIA有上訴管道

5. 所有的過程以及訓誡警告都保密，不過所有其他的懲處都會公開。

修正：本專業行為與倫理守則可由the convention of the Institute根據修正美國建築師協會之Bylaws的程序加以修正，也可以經the AIA Board of Directors全體成員2/3票同意後加以修正。

## 二、室內設計領域

### ㈠美國室內設計師協會倫理與行為準則（American Society of Interior Designers Code of Ethics and Professional Conduct）

美國的室內設計專業教育內容標準，是由專業組織「室內設計教育研究基金會」（Foundation for Interior Design Education Research, FIDER）所制訂（該組織現已改稱為「室內設計認證委員會」Council for Interior Design Accreditation, CIDA）。美國各大學的室內設計系所，可向該組織申請認證，該組織即根據其所制訂的各項標準對該系所進行認證；獲得該組織認證的系所，表示其在室內設計專業教學的品質上已達一定水準。

美國室內設計教育研究基金會（Foundation for Interior Education Research, FINDER）成立於1970年，是室內設計教育理事會（IDEC）、室內設計師的美國協會（AID）和室內設計師國家協會（NSID）的創始組織。AID和NSID在1975年合併，組成了美國室內設計師協會（ASID）。創始人的目的是通過制定室內設計教育標準來促進卓越，並承認新興行業的不斷增長的需求。ASID之倫理與行為準則如下：

### 1. 前言

美國室內設計師協會（American Society of Interior Designers，ASID）的成員，必須能夠以一種能夠激發客戶、商品和服務供應商，對該行業和其他專業設計師以及公眾的尊重的方式進行專業實踐。遵守本準則和協會章程是ASID每個成員的個人責任。

### 2. 對公眾的責任

⑴會員應遵守其執行業務所在州或其他司法管轄區，所制訂的所有現行法律、法規和守則，以規範業務程序和室內設計的實踐。

⑵會員不得在圖紙、規範或其他室內設計檔案上蓋章或簽字，除非該成員或其公司已按照適用法律、法規和規章的規定編制、監督或專業審查和準予了此類檔案。

⑶會員應在任何時候都考慮在他們的設計空間的公眾的健康、安全和

福祉。各會員同意，只要有可能，室內環境中有危害健康、安全和福祉因素時，通知物業管理公司、業主，或管理的公職人員。如果在項目進行過程中，會員意識到要由會員或代表客戶採取的行動，則在會員的合理意見下，這很可能對健康，安全和福祉，造成重大不利影響占用或使用該空間的人的福利，會員應拒絕同意或參與該行為，並且在法律要求和／或在會員認為合理謹慎的情況下，對於該項目會員應向具有管轄權的政府機構報告該行為。

⑷ 會員不得從事任何形式的虛假或誤導性廣告或促銷活動。

⑸ 會員不得向任何公職人員贈送任何禮物，也不得採取任何其他行動，影響當地的管理官員，對於現有、未來或是潛在項目的正確判斷。

⑹ 會員不得協助或教唆，任何與項目有關的任何人之不正當或非法行為。

## 3. 對客戶的責任

⑴ 會員與客戶的合同應明確規定所涉項目的範圍和性質，所提供的服務以及這些服務的賠償方法。

⑵ 會員不得承擔任何專業責任，除非他們通過培訓和經驗有能力充分執行所需的工作。

⑶ 會員應向客戶充分說明其應獲得的與專案有關的所有補償，並且不得接受與該成員進行交易的任何個人或公司的任何形式的未公開補償。

⑷ 未經客戶許可，會員不得洩露有關客戶或客戶項目的任何機密信息，也不得利用客戶項目的照片。

⑸ 會員在所有專業交流中應坦誠相待。

⑹ 會員應本著對其客戶最大利益的財政責任行事，並應與供應商、同業保持良好的業務關係。

## 4. 對其他室內設計師和同事的責任

⑴ 會員不得干擾其他室內設計師與客戶之間的合同關係或專業關係。

⑵會員不得發起或參與任何可能導致另一位室內設計師的聲譽或業務關係受到不公正傷害的討論或活動。

⑶會員可應請求在不構成利益衝突前提下，向委託人提出第二意見，或在司法或仲裁程序中擔任專家證人。

⑷會員不得認可任何已知在教育、培訓、經驗或品格方面不合格的個人，ASID會員資格申請或認証、註冊或許可，也不得故意歪曲該個人的經驗與專業知識。

⑸會員應僅對會員或會員公司在會員的監督下，實際創作的作品而獲得榮譽。

⑹會員應尊重在其專業活動過程中獲得敏感信息的保密性。

5. **對專業的責任**

⑴會員同意維持專業和個人行為的標準，以負責任的方式反映協會和專業。

⑵會員應尋求不斷提升其在室內設計專業方面的專業知識和能力。

⑶會員同意在可能的情況下鼓勵並為室內設計師與其他相關專業學科、行業和公眾之間的知識與信息共享做出貢獻。

6. **對雇主的責任**

⑴離開雇主服務的會員，除非得到雇主的許可，否則不得獲取與在雇主服務中進行的工作有關的圖紙、設計、資料、報告、筆記、客戶名單或其他材料。

⑵會員不得無理拒絕離職員工，在其受僱於會員公司期間，複印與其工作相關的資料與副本，這些資料本質上不是專有和保密的。

⑶未經客戶和雇主的允許，會員不得洩露其在僱用過程中，所獲得與客戶或客戶設計案項目，有關的任何機密信息或使用設計案項目的照片。

7. **執行**

⑴本協會應遵循ASID董事會（理監事會）批准的執行本規範的標準程序。

⑵會員具有合理的信念，根據大量實質性資訊，另一件具有違反本規範，應當依法報告這些資訊接受過程。

⑶任何違反本準則的行為，或會員採取對本協會和整個行業有害的任何行為，應由ASID董事會（理監事會）紀律處分。

⑷如果紀律委員會裁定有關會員未違反協會的《職業道德與行為守則》，則應將其駁回，並應有關會員的要求，將申訴免責通知書公佈。如果紀律委員會裁定有關會員違反了協會的《道德與職業行為守則》的一項或多項條文，須予以訓誡、譴責、暫停或終止其會員資格。紀律委員會可酌情決定公佈其決定和處罰。紀律委員會不施加任何其他形式的處罰。紀律委員會不得要求支付任何款項或授權有關成員採取某些行動。

（08/2006修訂）

資料出處：https://www.asid.org/resources/about/ethics（瀏覽日期：2019/10/15）

美國室內設計師協會不僅規範會員之「倫理與行為準則」，且要求會員遵守本準則是ASID每個成員的個人責任。同時針對ASID成員提出違反「倫理與行為準則」的投訴程序亦有規範。糾紛通常是由誤解引起的，無須第三方干預即可解決。但是，如果您無法達成協議並認為設計師的行為不專業，甚至是不道德，那麼您可以選擇投訴：

1. 如果設計師獲得許可，則可以向所在州的適當許可委員會提出投訴。
2. 如果設計者是ASID的成員，則可以向ASID道德委員會投訴。驗證ASID成員資格。
3. 如果設計者未在您所在的州獲得許可且不是專業組織的成員，則可以向所在州的消費者保護機構投訴。

美國室內設計師協會道德投訴的程序（American Society of Interior Designers Procedures for Filing an Ethics Complain），有關針對ASID成員提出的投訴的程序如下：

1. 遭到道德投訴的個人必須是協會的現任會員（會員）。投訴必須為書面形式，由投訴方（投訴人）簽署，應詳細說明投訴事項，並附有投

訴方希望提請本會注意的所有資料（統稱爲作爲「投訴資料」）。

2. 投訴資料必須在行爲發生之後的兩年內發送到協會總部。

3. 投訴資料將轉發給協會的法律顧問進行審查，並確定投訴的行爲是否涉及可能違反協會的《道德守則》，或者可能構成對協會或專業有害的行爲。

4. 如果法律顧問認爲投訴資料不涉及可能的違法行爲，則會通知投訴人並結案。如果法律顧問認爲投訴資料可能涉及違法行爲，則協會將投訴資料發送給會員，並要求會員在21天內對投訴資料做出書面答覆。答覆應爲書面形式，由會員簽署，並應附有會員希望提請本會注意的所有投訴資料（「答覆資料」）。

5. 然後，投訴和回應資料將由協會的道德委員會審查，以確定是否有足夠的證據可以進行紀律處分。在做出決定時，道德委員會可以要求投訴人或會員提供其他資料。如果此事進行紀律聽證，則由當事一方提供的任何此類補充資料的副本，本會將在聽證日期之前將其提供給另一當事方。

6. 如果道德委員會得出結論認爲不應該進行紀律聽證，則應將此決定以書面形式通知雙方，此投訴案件已結案。

7. 如果倫理委員會認爲有必要進行紀律聽證，則協會應在45天之內，將通過掛號信向當事人發送紀律聽證通知，並要求提供回執（以普通郵件的副本）。紀律聽證通知書應註明聽證的日期、時間和地點。

8. 任何一方都可以提交他們希望提請紀律委員會注意的其他書面資料（以下簡稱「其他資料」），但前提是此類材料應在聽證會召開之日至少20天前送達協會總部。提交方必須通過掛號信將另一方提交的其他材料的副本發送給另一方，並要求提供回執，以便另一方在聆訊日期前至少20天收到相同的材料。

9. 投訴人可以下述方式參加聽證會。如果投訴人出於任何原因未能參加聽證會，則投訴人的投訴將被駁回；但是投訴人有權針對投訴中提出的主題，針對被告會員再次提出投訴。申訴人和被告可以親自出庭並

由律師陪同出庭，並可以提出他們確定的證人（1/1998修訂）。或者，投訴人和被告可以要求視頻電話會議或電話會議的投訴，選擇通過視頻電話會議或電話會議參加聽證會，但前提是該聽證會現場可以使用該技術，並且預先支付了通訊公司合理的所有費用。在這方面，投訴人和會員應在聆訊日期前，至少20天分別向協會發出書面通知，其中包含有關他們打算如何參加聆訊的資訊，以及可以聯繫到他們的電話號碼、聆訊日期以及適用的證人名單。每一提交方還必須通過掛號信，將書面通知的副本發送給另一方，並要求收據，以便另一方在聽證日之前的20天之內收到相同的資訊。

10. 如請求方明確要求聽證會的筆錄，須事先申請即付款否則不得製作。

（12/2013修訂）

資料出處：https://www.asid.org/resources/about/ethics（瀏覽日期：2019/10/15）

# 三、國家室內設計資格委員會認證道德規範
## （National Society for Interior Designers Certification Appellation Code of Ethics）

在美國，室內設計師的資格是由「國家室內設計資格委員會」（National Council For Interior Design Qualification, NCIDQ）所舉辦的檢定考試來認證，其目的在於評量一個室內設計工作者是否具備了從事室內設計專業工作所需的最起碼能力？是否足以勝任？NCIDQ考試是所有室內設計師的基礎廣泛的考試，並且是進入專業設計領域的人員的基礎。在整個北美受管制的司法管轄區中進行多種類型的室內設計實踐，都需要NCIDQ認證。認證使設計師能夠輕鬆地向雇主和客戶驗證他們的知識，經驗和技能。通過NCIDQ考試認證的設計師獲得了廣泛的行業知名度和認可度。NCIDQ認證道德規範的內容如下：

### 1. 關於法律法規的室內設計專業

我會：

(1) 遵守任何州、省或轄區的註冊／許可／證明法律。

(2) 本人（或我的公司）僅在已經過相關州或省法律監督及經過專業審

查和批准允許後，才對設計圖紙、材料規格或其他室內設計文件進行簽名或蓋章。

2. **關於職業行為**

我會：

(1)與客戶、同事、相關專業人員、供應商和公眾以負責、誠實、公平和可信賴的方式進行練習。

(2)考慮到公眾的健康、安全和福利，提供專業服務。

而且我不會：

(1)對我的專業資格、學歷、經驗或表現做出誤導、欺騙或虛假陳述或主張。

(2)從事任何形式的誤導性廣告或促銷活動，也不意味著以任何方式暗示我公司的員工或雇員已註冊／獲得許可／證明，或者具有資格，除非事實是這樣。

(3)在專業或商業活動中涉及欺詐、欺騙、虛假陳述或不誠實行為。

(4)試圖通過任何非法手段獲得為自己或我的公司提供室內設計服務的合同。

(5)向任何公職人員付款或提供任何禮物，或採取任何其他措施，以不當地影響公職人員授予我感興趣的現有或潛在項目的判斷。

(6)在項目完成過程中協助或教唆任何人的不正當或非法行為。

3. **關於對客戶的責任**

我會：

(1)僅對我負責的室內設計服務承擔專業責任，通過教育訓練、實務經驗和考試，讓我有能力充分執行業務。

(2)確保我與客戶的聯繫清楚地闡明了項目的範圍和性質，要執行的服務以及對這些服務的所有補償方式。

(3)在僱用前，我會透露給雇主或客戶，我擁有的任何直接或間接財務利益，可能影響他們在指定與專案有關的商品或服務時的公正性。我個人利益與我的職業職責相衝突時，我不會故意承擔或接受任何

職位。

⑷對客戶和項目的所有資訊保密，未經客戶書面同意，不得使用項目的照片或規範，但我保留所有權的規範或設計圖紙除外。

⑸為了我的客戶的最大利益承擔財務責任，並與供應商、同業和行業保持良好的業務關係，以向公眾提供最好的服務。

### 4. 關於對其他室內設計師和專業同事的責任

我會：

⑴遵守普通法和禁止對合同進行曲折干涉的法定禁止，並且不會非法地干涉另一位室內設計師的現有合同關係。

⑵僅對我，我的公司或在我的直接監督，指導和控制下實際創造的工作表示讚賞。

⑶在被要求且不存在利益衝突時，向客戶提供第二意見，或作為司法或仲裁事務的專家證人。

而且我不會：

⑴故意進行任何虛假的書面或口頭交流，損害另一室內設計師的聲譽或以其他方式貶低他或她的性格。

⑵接受客戶的明知故犯的涉及剽竊設計的指示，亦不會有意識地剽竊他人的作品。

⑶某位同業設計師在教育、經驗、考試或品格方面未通過NCIDQ申請合格，我也不得故意歪曲該設計師的專業知識或道德品質。

資料出處：http://www.ncidq.org/AboutUs/AboutNCIDQ/NCIDQCertificate/CodeofEthics.aspx（瀏覽日期：2019/10/15）

## 四、國際室內設計協會專業和準會員行為道德守則（International Interior Design Association Code of Ethics for Professional and Associate Member Conduct）

International Interior Design Association (IIDA)是具有全球影響力的

商業室內設計協會。全球遍布58個國家／地區的15,000多個室內設計設計專業人士、行業分支機構、教育者、學生、公司及其客戶提供支持。IIDA專業和準會員行為道德守則的內容如下：

## 1. 前言

　　國際室內設計協會的專業和準會員應以鼓勵客戶，同行室內設計師，室內設計行業和公眾尊重的方式進行室內設計實踐。IIDA的每位專業和準會員都有個人責任，要遵守協會的《職業道德和行為守則》、《章程》、政策和立場聲明。

## 2. 定義

　　本規範中使用的術語應按照協會章程，政策和立場聲明中定義的相同方式進行定義。

## 3. 對公眾的責任

(1) 在提供專業服務時，專業會員和準會員應行使合理的謹慎和能力，並應遵守其從事業務的州或其他司法管轄區所製定的有關室內設計專業的現行法律、法規和守則。

(2) 在提供專業服務時，專業會員和準會員應始終考慮公眾的健康、安全和福利。

(3) 在提供專業服務時，專業會員和準會員不得故意違反法律，也不得為客戶了解或合理地知道其非法的行為提供法律顧問或幫助。

(4) 專業會員和準會員不得將其姓名或簽名與不應在其直接指揮和控制下，進行或不進行室內設計服務的設計或項目結合使用。

(5) 專業和準會員不得從事任何形式的虛假或誤導性廣告或促銷活動，並且除非事實是事實，否則不得通過廣告或其他方式暗示其公司的職員或雇員是專業或準會員。

(6) 專業會員和準會員不得對其專業資格，經驗或表現做出誤導，欺騙或虛假陳述或主張。

(7) 專業會員和準會員不得以肯定或不作為的方式從事任何涉及欺詐、欺騙、虛假陳述或不誠實的專業或商業活動。

(8)在提供專業服務時，專業會員和準會員應拒絕接受其客戶或雇主違反任何適用法律或法規的決定，而專業人士和準會員認為將對公眾健康構成重大風險的決定和安全。

(9)專業會員和準會員不得試圖通過任何非法手段獲得提供室內設計服務的合同。

(10)專業會員和準會員不得協助任何尋求通過任何非法手段提供室內設計服務合同的人。

4. **對客戶的責任**

(1)專業會員和準會員只有在與他們的顧問一起具有受過專業教育、培訓或經驗的資格後，方可提供專業服務。

(2)在接受任務之前，專業和準成員應合理地告知客戶所涉項目的範圍和性質，將要進行的室內設計服務以及這些服務的報酬方法。未經客戶同意，專業和準會員不得實質性更改項目範圍。

(3)聘用前，專業會員和準會員應以書面形式向雇主或客戶披露他們可能擁有的任何直接或間接的財務利益，這些利益可能會影響他們在指定與項目相關的商品或服務時的公正性，並且不得明知擔任或接受其個人利益與專業職責相抵觸的任何職位。如果雇主或客戶反對這種經濟利益或其他利益，則專業會員和準會員應終止該利益，或退出該業務。

(4)專業會員和準會員不得洩露任何要求其保密的客戶信息，客戶的意圖或客戶的生產方法，或者在披露時應合理地認為可能的信息，不利地影響其客戶的利益。但是，儘管有上述規定，專業和準會員仍可以在其合理認為必要的範圍內披露此類信息：(1)停止任何可能對公眾健康和安全造成重大風險且專業或準會員無法防止的行為以任何其他方式；或(2)防止任何違反適用法律的行為。

5. **對其他室內設計師和同事的責任**

(1)專業會員和準會員應誠實，正直和公平地進行他們的專業活動，並尊重其他設計師或同事的合同和專業關係。

(2)專業會員和準會員不得接受其客戶的明知故犯指示涉及剽竊，也不得竊他人的作品。

(3)專業會員和準會員應僅對實際創建的工作表示感謝。

6. **對協會和內部設計專業的責任**

(1)專業會員和準會員同意維持專業和個人行為的標準，以負責任的態度反映該專業。

(2)專業會員和準會員應尋求不斷提升其在室內設計專業方面的專業知識和能力。

(3)專業會員和準會員應盡可能鼓勵並促進室內設計師、室內設計行業和公眾之間的知識和信息共享。

(4)專業和準會員應向室內設計專業的學生提供支持、鼓勵和資訊。

(5)專業和準會員在代表室內設計行業時，應以符合該行業最大利益的方式行事。

(6)專業會員和準會員只能按照現行的方式使用IIDA稱呼協會政策。

(7)專業會員和準會員不得故意做出虛假陳述或未透露與其申請會員資格有關的任何重大事實。

資料出處：https://www.iida.org/resources/content/6/3/6/0/documents/IIDA-Code-of-Ethics_Designer.pdf（瀏覽日期：2019/10/15）

# 五、英國室內設計學會行為和職業道德守則（The British Institute of Interior Designs Code of Conduct）

英國室內設計學會（The British Institute of Interior Design，BIID）是英國室內設計師的領先專業組織。該學會發布了《行為和職業道德守則》（以下簡稱《守則》），以使其所有會員以各種能力從事所有類別的專業會員活動。該學會致力於領導和支持室內設計領域的良好專業實踐和能力，並承擔對社會、客戶、室內設計師、供應商和室內設計行業的責任。所有會員，作為學會會員資格的條件，均承諾遵守本守則。學會理事

長Katherine Elworthy（2019/04/03）指出，「至關重要的是，室內設計行業必須像其他行業一樣受到重視，因此我們要求我們的成員遵守反映專業性和誠信的嚴格行為守則」。守則的內容如下：

1. **對社會的責任**
   (1) 會員應按照其室內設計專業的執業標準行使合理的技巧和謹慎，從事業務活動，並始終誠實行事。
   (2) 會員在提供專業服務時，應始終考慮公眾的健康，安全和福祉。
   (3) 會員應承擔專業責任，以卓越的設計提高社會的生活品質。
   (4) 會員在提供專業服務時，不得知法犯法，也不得建議或協助客戶進行非法的行為。
   (5) 會員不得以其專業資格、經驗或表現做出誤導、欺騙或虛假陳述或主張。
   (6) 會員應承諾僅在通過專業教育、專業培訓或專業經驗的資格後，才能提供專業服務。
   (7) 會員應努力為生態和自然環境的最大利益而採取行動，並在任何可能的情況下促進節約能源和回收材料。

2. **對客戶的責任**
   (1) 會員在接受委託之前，應當以書面形式向客戶確認所涉項目的範圍和性質，將要進行的室內設計服務以及這些服務的收費方式。
   (2) 會員應在開始工作之前向客戶提供書面合約條款和條件。
   (3) 會員不得故意接受其個人利益與其職業職責相衝突的任何職位。
   (4) 會員應將客戶需求、生產方法和業務有關的所有知識和資訊視為機密，未經客戶同意不得洩露此類資訊。但是，儘管有上述規定，但是會員有理由相信是必要的情況下，可以揭示以下的資訊：(1)以阻止任何對公眾健康和安全造成重大風險，且會員無法以任何其他方式防止的行為，或(2)防止任何違反適用法律的行為。
   (5) 會員應以客戶的最佳利益為出發點，履行財務責任，並與供應商和同業之間保持良好的業務關係，以確保盡可能提供最佳服務。

⑹在客戶未完全了解和同意的情況下，會員不得將客戶委託的主要設計工作分包給客戶。

⑺會員不得因接受付款或利益，而可能損害其在代表客戶進行的所有交易中，保持公正和透明的能力。

⑻會員應確保告知客戶自己的責任。

3. **對其他室內設計師和同事的責任**

⑴會員不得接受客戶明知涉及剽竊的要求，亦不得故意抄襲另一名設計師的作品。

⑵會員不得試圖直接或間接地取代另一位設計師，也不得以任何不公平的誘因與另一位設計師競爭。

⑶會員不得在未通知該設計師的情況下，有意接受其他設計師所從事的任何專業活動。

資料出處：https://biid.org.uk/about/code-conduct（瀏覽日期：2019/10/15）

第四章

# 設計倫理案例

## 一、商業設計

### ㈠設計與社會觀感

#### 1. 廣告的倫理

　　廣告設計訊息對社會文化的影響力廣，最快速而廣泛，主因其與人們的生活息息相關，以各種媒介形式出現在生活的周遭，常促使社會風氣的變化、思想觀念與生活方式的改變。因此商業設計師在考量廣告主的利益、目標對象的需求、廣告設計的效果、對社會產生的影響等因素中，需要更完整的倫理思考來做判斷。在許多兩難的情境下，如何適度的傳達，並達成行銷的任務，是一大挑戰，同時需要極佳創意來協助表現。廣告的倫理議題常來自於客戶與廣告商為了說服消費者，用盡各種方法來達到挑起消費者慾望的目的。常見的在廣告中倫理議題，包含對女性或弱勢族群的歧視、對孩童廣告的倫理、性暗示手法、誇大不實的訊息、或菸酒廣告的設計。

　　設計內容本質之倫理議題，商業設計師在設計廣告時，常希望以一些奇特的手法和訴求，吸引到閱聽人的注意力和眼光，以其增加消費者的印象和商業效益，例如使用強烈情緒、具爭議的圖像或者誇大的言詞，但有時這些訴求與產品的關聯性並不大，或者可能造成誤導、造成對社會的負面影響。

　　有時與產品無關或相反的形象視覺，也常被用在廣告設計的訊息中，例如，許多菸酒利用廣告，加強菸酒與美好生活的連結，嘗試給予消費者一個不實際的假象。同時，酒也會塑造成可以吸引異性，或者增加羅曼蒂克氣氛的方式（Sheehan, 2004）。有一些菸的廣告，企圖把抽菸行為

刻畫成女人獨立和自由的象徵（Sheehan, 2004），使用瘦身的語言放入文案中，使人有吸菸會變瘦的迷思。並且，許多菸酒廣告會選擇具有正面或健康形象的人代言（Sheehan, 2004），或贊助運動競賽，增加曝光機會，傳遞品牌價值和企圖影響菸酒會損害健康的價值觀。

　　廣告常使用誇大描述的文案或視覺設計的倫理問題。很多誇大手法，並無法得到證實，也與現實有段差距，因此常被認為和欺騙只有一線之隔。然而，誇大在法律上並非違法，因為法律假設消費者不會相信誇大商品的陳述與隱含的意義（Rotfelt & Rotzoll, 1980）。許多學者則認為其誇大廣告的重點並不是廣告內容內發現真實的欺騙行為，而是有造成欺騙的可能性與潛在性，因為誇大行為中錯誤或誤導的宣稱，會影響消費者購買的行為（Gillmor et al., 1996；Preston, 1975）。商業設計師常為了吸引目標對象，達成業主的行銷需求，常選擇強烈的視覺圖像或文字的設計手法，或自以為容易吸引對象喜愛的方式，去迎合大眾，因此常會失去自身的倫理價值判斷。如何避免有欺騙、誇大、煽動、或情緒渲染的嫌疑，並傳達不能造成負面影響的廣告訊息，是商業設計師非常大的挑戰。其實在解決設計問題時，有許多解決方案可供選擇，如何用創意和適當的設計決策，不對社會產生負面影響，甚至進一步的創造更美好的社會，才是最佳的設計本質。

## 案例：機車廣告[1]

　　某機車廣告內容以一對年輕男女情侶在騎車的路上發生爭吵突然停車，女主角憤而將手上的皮包砸向男友身上掉到橋下，包包掉在經過的計程車上，隨著車潮離去。男生因此騎著機車，沿路追趕回包包，最後包又被扔下橋掉入滿是豬隻的貨車上。這支以搭配輕快音樂和俐落剪接手法表達機車性能的劇情廣告，曾遭到檢舉，國家通訊傳播委員會（NCC）因此限定只

---

[1] （改寫自聯合新聞2008-12-18記者陳俍任），其他參考資料：KYMCO RACING彎道情人有不良示範嗎？（取自廣告王2008-12-18）http://www.mycfbook.com/profiles/blogs/kymco-racing-wan-dao-qing-ren

能在「夜間九時到清晨六時」播出。消息一出，引發不同的討論。NCC指出，該片播出後有許多家長陳情，認為片中男女主角行為違反諸多交通規則，另外把包包丟到橋下是非常危險的動作，對於年輕人有不良示範。統籌該廣告的廣告公司創意總監認為，NCC嚴重干涉廣告內容與創作自由，認為有許多線上遊戲的廣告在鼓吹暴力，為什麼NCC不加以限制呢？

就內容來看，機車廣告多強調功能、速度和款型，該廣告以年輕人生活化故事手法為創意，企圖引起年輕消費者注意。然而對於有些人看到廣告的內容，擔心對於機車主要消費對象的年輕族群而言，會不會因此受到影響？會不會認為飆車競速，或任性的丟棄包包是耍酷的行為，進而模仿嘗試？

**如果你是廣告公司的創意總監，你會不會繼續以此創意執行廣告？**

⑴ 會，有創意的生活化劇情，廣告有創作的自由。

⑵ 會，只要可使機車銷售量增加，容易引起話題和注意。

⑶ 不會，因為劇情內容的負向行為，易引起青少年模仿，不應鼓勵。

⑷ 不會，廣告不只為銷售，不只為業主服務，同時要為社會負責。

## 延伸討論

1. 買機車考慮的實際因素？
2. 會因為此則廣告而選擇購買此機車？
3. 有其他行銷宣傳此機車的創意或方案嗎？
4. 設計師對公眾的責任？

## 參考資料

Sheehan, K. (2004). Controversies in contemporary advertising. London: SAGE

Rotfeld, H.J. and Rotzoll, K.B. (1980). "Is advertising puffery believed?" Journal of Advertising, 9(3), 16-20.

Gillmor, D.M., Barron, J. A., & Simon, T. F. (1996). Mass communication law: Cases and comment. California: Wadsworth.

Preston, I.L. (1975). "The Great American Blow-Up: Puffery in Advertising and Selling." Madison, WI: University of Wisconsin Press.

## ㈡設計與環境責任

### 1. 商業設計的永續責任

　　自90年代起，環境保護問題即成為大眾所關注的議題。從美國前副總統高爾的「不願面對的真相」影片，到哥本哈根氣候變遷會議的召開，興起全球對環境保育及氣候暖化問題的重視，各國希望在2020年達到比1990年碳排放減少14%-19%，但這仍與IPCC（政府間氣候變遷委員會）建議的25%-40%的目標有很大的差距。屆時，估計全球會增溫到3℃-4℃。因此，如何降低所可能產生的衝擊是首要任務。不僅是在源頭要強調「減量」，更應在科學的相關研究上，需要更多積極努力，例如：能源開發、資源管理、產業政策等。除此以外，如何將研究的成果應用在實務中，各領域和產業都需要共同努力。

　　Boylston（2009）指出許多環保問題與商業設計師的關聯。像是每年在美國有超過6800萬噸的包裝材料被丟棄，許多有毒油墨、黏膠、塑膠進入地表跟水資源中，造成實質浪費。並且，根據WHO統計，全世界有超過10億的人因此使用不安全的飲用水，超過300萬的人死於空氣污染。每分鐘有40公頃的熱帶雨林消失。全世界有超過40%的木材砍伐是用在紙張使用。另外，社會壓力以及社會變遷也是促使商業設計師需要改變的原因，情況若不改善，將對環境造成更多的破壞與影響。

　　商業設計的決策包含材料的選擇、設計製程等。商業設計對環境永續的相關影響包含了紙張、印刷、油墨與包裝等。根據統計，紙業是造成全球暖化溫室氣體排放量的第三或第四大來源（http://www.greenpressinitiative.org）。設計的材料選擇與決策對資源的耗減，以美國為例，其擁有全世界5%人口，卻消耗世界33%的紙張。中國政府報告也

指出，印刷業乃是造成重要污染產業之一，因此被列入「發展揮發性有機物防治」的名單。印刷過程造成污染的因素很多。以油墨來看，大多數均含有機溶劑，像乙醇、丁醇、丙酮、丁酮、甲苯等，進入到大氣環境中必然造成污染。而且這些揮發性有機溶劑也會使人體的神經系統及造血功能造成危害。同時，也是促進全球暖化的因素之一。員工長期在工廠工作，也會對身體健康造成影響。但大多數廠商都因成本或技術而無法解決污染問題。

設計製程與成品對水資源和空氣污染的汙染：根據世界衛生組織（WHO）的統計，超過十億的人使用不安全的飲用水。每年在美國有超過六千八百萬噸的包裝材料被棄置，另外有毒的油墨、黏膠和塑膠等進入地表和水資源中。其他原生材料的耗減：在John Thackara的一書*In the Bubble: Designing For Complex World*提及一個產品或包裝的產生，呈現大約8%的真實材料的使用。有哪位消費者喜歡買到一個產品，卻只有低於10%的食物去製造它？設計師們的決策影響紙張材料的使用數量。每年因垃圾紙張郵件，超過一億棵樹因此被砍伐（http://www.newdream.org）

因此商業設計師需要有減量的思考，例如設計較小的尺寸、小量印製、減低生產所需的材料數量、適量生產以降低庫存與生產成本、減少能源的使用、近距離的運輸、單色印刷、雙面印製等（Bann, 2006; Denison, 2009）；除此之外，回收思考也是另一個重要的元素，例如使用回收或消費後廢棄的紙張和材料、可生物分解或回收的材料、避免不必要的附加加工或表面處理；還有，再利用的思考也是需要考量的，例如設計可達多功能目的的設計物、延長使用年限或增加生命週期、加強再使用的設計物、使用可再生的能源、選擇較綠色的印刷公司、有認證的環保紙張、環保油墨、環保印刷、環保包裝、將設計置換成數位形式的設計、和在設計物上明顯標示永續的資訊等（Jedlicka, 2008; Benson, 2008），都是平面設計對環境責任可有的因應方式。

有關綠色設計管理Bhat（1993）的建議包括：⑴將綠色設計列為首要考量；⑵發展綠色設計政策；⑶將對環境貢獻當成設計目標，而非束縛；

(4)評估綠色設計使用多重標準；(5)考量環境影響，從未製造時到最後丟棄階段；(6)分配適當資源；(7)在綠色設計策略中訓練設計團隊。一般而言，一套完整的綠色設計企劃與管理流程，必須涵蓋設計師在企業產品設計開發程序中，所應考量的各項綠色設計要點與條件，其中包括有環保資料庫的建立、環境衝擊評估工具的應用、綠色檢核表的擬定等。另外，生命週期的調查評估和建立產品綠色設計準則等也十分重要，包括生命週期所有階段可能造成的影響的調查評估。「產品生命週期分析」也是一種分析方法（Tillman, 1994），可以評估環境的費用，和不同設計選擇的獲益。透過有系統地將產品生命週期的過程逐一審視，諸如環境影響調查和衝擊分析等，以產生適當的設計策略，讓綠色設計管理在公司的組織架構中，對公司策略性企劃有所貢獻。

Masurel（2007）的研究也證明，促進中小企業考量永續的原因，多是外在因素而非內在因素。外在因素包含政府、法令、供應商、競爭者和市場。內在因素則包含成本降低和品質改進等。Gombauldt & Versteege（1999）認為政府可以在推動中小企業減少污染的部分扮演重要的角色，而利用認證和強制法令執行，就可使中小企業在永續上達到更好的績效。總結來說，產業對良善設計的認知、看法與作法多不相同，他們大多有倫理道德的認知，卻沒有很高的意願對倫理議題發表想法，或用更積極的態度面對。願意為環境永續，再額外投入成本和時間，甚至犧牲些微利潤的態度，也不是很主動。可見，環境永續和倫理的問題存在於生活和工作中，各組織因不同特性而有不同的處理方式，還需要政府和社會大眾對此議題有更多的警覺和認知，才能在永續和倫理上共同努力。

## 參考資料

本文擷取自「知易行難，有看法沒辦法——臺灣商業設計產業對綠色設計的現況與問題探討」一文，張道本、丁姵元（2012），企業倫理教育創新與社會責任精進研討會。

Thackara, J. (2005). In the Bubble: Designing For Complex World. The MIT

Press.

Boylston, S. (2009). Designing sustainable packaging. London: Laurence King.

Bhat, V. (1993). "Green Marketing Begins with Green Design." Journal of Business and Industrial Marketing 8(4) Pg 26-31.

Tillman, A. M., Baumann, H., Ekvall, T., & Rydberg, T. (1994). Choice of system boundaries in life-cycle assessment. Journal of Cleaner Production, 12(1), 21-30.

Masurel, E. (2007). "Why SMEs Invest in Environmental measures: Sustainability Evidence from Small and Medium-Sized printing Firms." Business Strategy and the Environment, 16, 190-201.

Bann, D., (2006). The All New Print Production Handbook, Brighton: RotoVision.

Denison, E. (2009). "Print and production finishes for sustainable design." Mies, Switzerland: RotoVision.

Gombauldt M, Versteege S. (1999). "Cleaner production in SMEs through a partnership with. (local) authorities: success from the Netherlands."Journal of Cleaner Production, 7(4), 249-261.

## 案例：食品禮盒包裝設計[2]

家豪的設計公司接到一個食品禮盒包裝設計的案子。客戶希望這個包裝設計能吸引新人，成為婚慶的伴手禮，同時又可以成為在節慶時，公司團體訂購的送禮禮盒，設計能夠精緻大方，送禮體面實惠。家豪是這個案子的設計總監，他與設計團隊討論，希望能將前一陣子參加世貿中心主辦的綠色設計研討概念，注入這件設計案中。因此捨棄選擇傳統公版紙盒的形式，想要改用其他創意進行設計，考量使用完亦能留下再作利用，因此團隊花了許多時間，提出幾款新型設計，同時尋找可以製作的廠商。但是沒有想到老闆並不喜歡這些構想，因為這個設計過於麻煩，公司需解決未來可能面對的

2　（自擬案例）

技術問題。客戶也提出質疑，擔心設計會增加製作成本，影響禮盒的獲利空間。家豪應如何於兼顧創意與設計理想的兩難中，進行決策與執行？

**如果你是家豪，你該不該繼續選擇此構想執行包裝設計？**

1. 應該，設計師有創作的自由，創意獨特。
2. 應該，這樣的設計可再利用符合環保，容易與其他禮盒區隔。
3. 不應該，因為這樣的包裝，容易增加設計成本。
4. 不應該，因為老闆不喜歡而且費時費力，不要為自己與公司找麻煩。

**倫理準則6.1** 可持續設計：成員在從事設計工作時必須對環境負責任，並倡議可持續的設計計畫。

**倫理準則6.2** 可持續發展：成員在從事專業服務時應在設計和運作上都倡議可持續的設計。

**倫理準則6.3** 可持續的實踐：成員應該在其公司以及專業組織中以可持續的方式行動，並鼓勵其業主如法炮製。

## 延伸討論

1. 客戶認為這樣的設計增加成本，有無其他的解決方案？
2. 請討論有哪些永續包裝的解決方案？
3. 請分別站在客戶、設計師、消費者立場思考，是否有不同決策？
4. 可達成綠色商業設計，有無其他的解決方案？
5. 如何選擇綠色材質？如何選擇綠色印刷？

## ㈢設計與使用權

### 案例：清惲壽平牡丹[3]

| 舊：清代惲壽平所繪牡丹 | 新：故宮古畫郵資票—清惲壽平牡丹 |
|---|---|
|  |  |

中華郵政以故宮博物院的清代惲壽平所繪製的牡丹為主題，發行「故宮古畫郵資票——清惲壽平牡丹」共八十萬枚，卻接獲民眾投訴郵票竄改古畫。原來的惲壽平畫作只有一朵牡丹，郵票多加一朵牡丹。故宮表示，故宮所有的文物圖像授權皆不允許進行任何修改，避免混淆視聽。中華郵政公司指出，早年發行的故宮古畫或古物郵票，並未取得授權，近年因智慧財產權保護意識抬頭，發行與故宮典藏文物有關的郵票，一定都取得授權。至於為什麼多畫一朵牡丹花，負責設計郵票的設計公司說明，清代惲壽平所繪牡丹為直式，中郵發行的郵資票為橫式，原圖一朵牡丹花位在右側，視覺上顯得左邊空白處太多，設計師才決定多補一朵花，幫忙補白。

故宮表示，故宮藏品圖像授權要求原汁原味，中華郵政「多一朵花」的設計，恐造成民眾混淆，要求中華郵政收回重印。中郵希望各界以文化創意看待此事，不要扼殺創意。中華郵政剛開始不知郵票設計和原圖有不同，經查證後選擇尊重設計師創意，發行的八十萬枚郵票售完不會加印。一般觀點認為，中郵沒有事先告知故宮更動設計，也沒告知消費者「增加一朵花」的設計，對繪畫創作者和消費者皆不尊重。

---

3　（改寫自2011/5/16, 5/17聯合報與自由電子報）

**倫理準則3.1　能力：成員必須提供委託人適時而有水準的服務。**

1. 行為規範3.101：成員在提供專業服務時，必須考慮相關法律與規範，並尋求其他有能力的人釐清各種規範的內容與意義。

2. 行為規範3.103：成員不應在未知會委託人的情況下改變案子的處理範圍和目標。

3. 倫理準則3.3：坦白、誠實：成員在與委託人進行專業溝通時，應坦白誠實地讓業主對案子有合理的了解。

## 延伸討論

1. 是否還有類似使用權案例？能否提出討論？
2. 如何預防類似情況發生？

## ㈣設計與智慧財產權

### 案例：抄襲 [4]

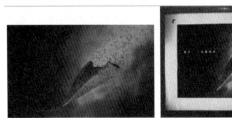

　　智財局舉辦保護著作權海報設計競賽，推廣著作權保護。某大學學生以紙飛機的尾翼被名叫非法下載為題，以火焰燒斷表達文字散落與消失，和著作被偷取與非法下載意象，獲得競賽首獎，被製作成燈箱廣告，在各捷運站公開宣導。經民眾發現舉發，作品抄襲自荷蘭籍藝術家Dennis Sibeijn的作品「Truth」。智財局發現後立刻撤下作品，取消得獎資格並追回得獎獎金與獎狀。本為宣導保護智財權的海報徵獎競賽，卻爆發首獎作品侵犯智財權涉嫌抄襲的尷尬情況。作者承認抄襲並表示後悔，主因家庭

---

4　（改寫自2010/09/23聯合報http://city.udn.com/51640/4186619）

專業倫理：設計倫理

142

經濟不佳，同時參加數個設計競賽，因比賽接近截稿日，趕緊在網路上尋找靈感，無意間看見Dennis Sibeijn的作品，認為燃燒墜落的紙飛機和文字飄散的意象，非常適合表達智慧財產的概念，所以採用並加上自己的設計理念投稿。

智財局表示，這位學生參賽前簽署保證書，証明設計是自有創意，絕無侵害他人之智慧財產權，不料竟違反著作權，除追回獎狀及獎金，學生面臨侵權官司，根據著作權法，依法可處三年以下有期徒刑、拘役，或併科新臺幣七十五萬元以下的罰金，另還有民事賠償。

**倫理準則3.1　能力：成員必須提供委託人適時而有水準的服務。**

1. 行為規範3.101：成員在提供專業服務時，必須考慮相關法律與規範，並尋求其他有能力的人釐清各種規範的內容與意義。
2. 倫理準則3.3：坦白、誠實：成員在與委託人進行專業溝通時，應坦白誠實地讓業主對案子有合理的了解。

## 延伸討論

1. 該名學生的設計作品是否屬於抄襲？
2. 該名學生的設計作品觸犯什麼法律？
3. 該名學生的事件對於活動主辦者造成什麼困擾？
4. 是否還有類似觸犯智產權案例？

## 案例：嬌蕉包[5]

嬌蕉包因作為某明星婚宴伴手禮而大受歡迎，法國愛瑪仕品牌以其涉嫌侵害柏金包之著作權及商標權為由進行訴訟。嬌蕉包將愛碼仕包款印製在背包上，同時品牌標誌的圖樣與愛馬仕非常相像。愛馬仕標誌是以馬拉車，前面站一個車伕，底下是愛馬仕的原文HERMES，下面加上PARIS。嬌蕉包公

---

5　（改寫自2011-04-08自由時報／公視／中央通訊社）

司申請的品牌圖案註冊商標，是以兔子拉車，車上載了香蕉，底下是品牌名BANANE，下面加上TAIPEI字樣，在排列上與愛馬仕極為相似。

愛馬仕表示，為杜絕仿冒已將愛馬仕柏金包外觀整體視為「立體商標」，嬌蕉包使用柏金包「外觀」作為圖案，已構成侵權行為。強調嬌蕉包之前的商標本來使用馬車和車伕，和愛馬仕商標十分相似，後來才把馬改為兔子圖樣，顯然有規避法律責任之嫌疑。

嬌蕉包公司表示，這個包的圖案採用熱轉印方式製作，是一種創意表現方式，整個包型跟包款都不一樣，怎會涉及侵權。至於環保袋使用自己的商標，搭配象徵臺灣的「香蕉」圖樣，售價使一般民眾可以負擔。嬌蕉包是採帆布包材質與愛馬仕的皮包不同，消費者不易混淆。

智財局說，愛馬仕並未將柏金包外觀申請註冊，恐怕無法告嬌蕉包侵權。不過，愛馬仕的品牌圖樣已註冊為商標，因此嬌蕉包的品牌圖樣可能侵權；至於嬌蕉包的品牌圖樣，雖然每個元素都與愛馬仕不同，但整體看起來極為相似，容易造成消費者混淆，並造成愛瑪仕的損害，因此可能涉及侵權。

**你評估此設計案是否侵權？**

(1) 侵權，因為容易使消費者混淆，以為是同系列產品。

(2) 侵權，明顯是模仿。

(3) 不侵權，創意不設限。

(4) 不侵權，只是一個創意，媒介型式不同。

行為規範2.101：成員在執行專業業務時不應明知故犯地違反法律。

## 延伸討論

1. 是否還有類似侵權案例？能否提出討論？
2. 如何預防侵犯智慧財產權？

## 案例：影像使用權與字形授權的倫理討論

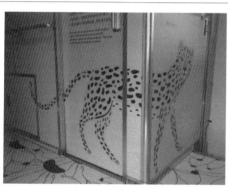

　　交通部觀光局與臺鐵合作，耗資300萬元推出「國立集集美術館」彩繪列車，臺鐵委託某旅美設計師設計集集彩繪列車，被認為石虎不像且疑似抄襲，石虎是臺灣動物保護運動的重點對象，彩繪的石虎圖案被特有生物專家認為顏色、斑點、比例皆不對；沒有如豹斑花紋和眉心2條白線等的石虎特徵。另外，圖樣來自商用圖庫，以及使用未經授權的「康熙字典體」等爭議，而爆發不少紛爭。

　　設計師澄清表示石虎圖案，是以極簡的設計簡化石虎的樣態，以可愛、藝術的呈現，所以才會造成大家的誤會抄襲，而後再解釋是買自圖庫，強調不是抄襲。「石虎圖」的俄羅斯原作者Катя Молодцова出面回應，「當我畫這系列的插圖時，牠就是一隻花豹。」，原作者同意免費畫臺灣石虎贈送臺灣使用。觀光局表示，石虎圖經過重新設計及審查，坐臥行走之間，均有專業人士幫忙審議，和更改侵權的字體，再重新亮相。

（改寫自2019-8-22至2019-8-30，臺灣名家有關石虎列車抄襲報導）

## 延伸討論

> 1. 如果你是設計師，你會採取何種方式執行此列車彩繪案？
> 2. 從商用圖庫，用戶究竟取得什麼樣的權利？
> 3. 《康熙字典》字體屬於公共財？抑或是受字體著作權保護？
> 4. 本案的商業設計倫理議題有哪些？對客戶方面？就道德面？就法律面向？
> 5. 對於主辦單位危機處理，以尋求圖庫原作者授權作法，是否有其他解決方式？
> 6. 有關圖庫正確商業使用，與合法使用授權的討論。
> 7. 有關字體授權的智產權討論。
> 8. 得標廠商所需擔負的責任？政府發包單位的責任？

## ㈤室內設計師的勞動倫理——巧思空間配置的自主藝術家

### 案例：勞雇關係的衝突[6]

> 　　談起何謂做設計，以及室內設計的哪個環節最能發揮創意，無論是資歷不同的受雇者，或自雇者和雇主，一開始似乎都立即指出是相對於施工、估價、與人溝通和管理等事務以外或最初的空間形式操作和圖面表現。然而，追究下去，卻又有不同說法。例如，有人認為平面空間配置最根本；或者，重點在於能從一個原型或概念出發，形成設計的整體感或連貫性、協調性，乃至於可以辨識的風格，甚至品牌；有人更強調視覺效果，或認為平面設計或廣告設計才是做設計、有創意，或者商業空間設計比較能「秀」或「玩」，以此作為創意的代稱，強調「做出不一樣的東西」。
>
> 　　不過，有關設計和創意的話題，毫無例外會立即轉向創意設計之「限制」或「實際狀況」的提醒或抱怨：老闆掌控、難搞的客戶、預算有限、時

---

6　王志弘，2011.01，〈創意何為？室內設計師的勞動與倫理〉，「2011文化研究學會年會：嘿山寨，虛消費：生態、科技與文化政治」，真理大學，1月日9日。

間壓力、管理不良和人事問題、工作繁重等，使得創意發揮空間消失或不切實際。簡言之，勞雇關係中自主性的喪失，是設計師公認的創意大敵。這也意味了設計創意離不開其組織脈絡和勞動條件。雇主是否讓設計師有決定權，有發揮餘地，或將基本設計主控在手上，有著很大差別。缺乏設計的自主權限令受僱者必須妥協，或壓縮自身創意，猶豫著設計圖面能否被雇主接受，有沒有掌握到雇主偏愛的風格。因此，面對創意藝術家與雇主利潤邏輯及客戶商品化服務的基本文化工作矛盾，許多設計師只能偷偷改一下老闆的圖面細節使施工順利進行。

**討論議題：如果你是受雇的設計師，你會不會堅持做自己理想中的設計？**

1. 會的，我會遵照老闆要求的方式做設計，以達到雇主偏愛的風格，以免老闆不喜歡而且費時費力，不要為自己與公司找麻煩。

2. 不會的，我認為應該忠於自己的設計理念；如果你只是聽令行事，你只是人家叫你要在這邊放一盞燈、放一間廁所的話，人家叫你幹嘛你就幹嘛，我覺得就不算在做設計。

## 案例：業主與設計師關係的衝突

　　除了老闆雇主，設計師更為頭痛的人物是客戶業主。不過，這裡可以區分出剛入行幾年、懷抱設計理想的資淺設計師，與苦熬成為資深設計師或小主管的受雇者的重大差別。資淺者往往感嘆客戶缺乏品味、不斷要求修改，或有錢是大爺、不尊重設計專業的心態，尤其對於「服務業」這個概念頗為反感，因為意味了卑恭屈膝或自貶身價；資深者則比較正面看待服務業的定位，認為設計是提供專業服務，並且以解決客戶疑難，從使用者角度出發為職責。

　　這裡顯現了創意藝術家和專業服務者定位的清楚區別。然而，要維持自己有設計感的生活，乃至於實現自己的創意設計堅持與理念，還是需要一份掙錢的工作，設計師便在藝術與商業的基本矛盾中苦熬。於是，經過了三五年還能存活於室內設計界者，開始邁入資深受僱者身分，有了較多實務經驗

和權限，或是擔任主管或專案負責人，這時候，對於創意設計的意涵和主要工作，開始有了不同想法。

**討論議題：如果你是設計師，你會不會堅持做自己理想中的設計？**

1. 會的，我會遵照業主要求的方式做設計，以達到雇主偏愛的風格，以免業主不喜歡而且費時費力，不要為自己與公司找麻煩。

2. 不會的，我認為應該忠於自己的設計理念；如果你只是聽令行事，你只是業主叫你要在這邊放一盞燈、放一間廁所的話，業主叫你幹嘛你就幹嘛，我覺得就不算在做設計。

## 案例：與前老闆的業務關係的衝突

　　熬過工作的沉重繁瑣、客戶的無理要求，以及業務賺賠的壓力，在業界站穩腳跟的資深設計師對自己的能力已頗有自信，也熟悉室內設計產業的生態和操作邏輯，卻也深知受僱於人的結構性限制，但跳槽已經很難換到更好的職位，便會開始尋思創業的出路，出來經營個人工作室或小公司。

　　雖然室內設計業的創業門檻很低，尤其是不做公司登記，不聘人，採取合夥方式，或個體戶在家裡憑人脈接案，更不需要大筆週轉資金，直接以客戶付款來經營即可。但是，人脈是否充足穩固，能否持續有案子進來？要應付各種開銷，以及缺乏公司組織的行政支援，沒了同儕或老闆當靠山，都是風險和令人畏懼之處。對於剛創業者而言，如何開拓客戶，經營人脈關係，是攸關生存的要務，也需要很多技巧，這也成為圖面設計以外最重要的。下一個案源在哪裡？這是許多新創業的室內設計師所擔憂的。

　　設計師小王剛離開前任職的室內設計公司自行創業，和許多新創業者相同，正擔心下一個案子在哪裡。有一天以前任職公司的客戶李先生來電，希望小王能幫忙設計新買的辦公室。與客戶王李先生的認識，是由於在前一個任職公司時，小王擔任李先生辦公室的專案設計師，工作能力獲得李先生讚賞與肯定，小王在離職時曾告知李先生離職與創業之事，也希望未來有機會能幫李先生服務。

小王在接到李先生的電話之後，公司合夥人提醒小王，李先生是以前老闆的客戶，站在職場倫理的立場，小王似乎不應該去搶前老闆的客戶，這個提醒讓小王陷入是否該接李先生的設計案的思考中。

**討論議題：如果你是設計師小王，你會不會接李先生的辦公室設計案？**

1. 會的，我會接受李先生的委託進行辦公室設計案，因為李先生認同我的設計能力，這與我是否搶前老闆的案子無關。

2. 不會的，我認為李先生是前老闆的客戶，站在職場倫理的立場，我不會接受李先生的委託。

## 案例：設計師的社會責任—— 設計師詐財

　　一對王姓夫婦（以下簡稱業主）買下新北市一戶50多坪的大樓豪宅，花800多萬元請室內設計師設計與工程施作。在工程完工點交後開始，就陸續發現天花板發黑長霉、地板滲水及牆面發霉，嚴重影響居住生活品質。因此，業主經委請建築師公會及室內設計裝修商業同業公會進行專業鑑定，發現是工程偷工減料所導致，因此在先前付出650萬元後，拒付工程尾款及工程追加款項。但設計師認為屋主還積欠150萬元費用，經兩方多次交涉，屋主堅持設計師應負修理及改善工程之後，才願意支付剩餘工程款。之後設計師曾提出如果屋主不願支付工程款項，就會舉報該工程在設計與施工時陽臺外推部分是違建，但業主仍拒付，設計師就涉嫌向新北市府建管單位檢舉。最後全案鬧上法庭。

　　檢方調閱設計圖說與工程合約發現，設計圖說與合約都載明，部分室內構造物應採「鋼筋混凝土施作」，但設計師涉嫌趁屋主不能到場監造，要求工班以木造結構施工，並使「構造物的外觀上與鋼筋混凝土製無異」，所以屋主在完工點交時無法發覺。另外，設計圖說與工程合約註明天花板應使用日本進口防火一級材質矽酸鈣板施工（通過耐燃一級檢測），業主也曾特別要求防火建材的品質，但設計師利用屋主分辨不出材質差異，改用完全無法防火的非防火材料替代，室內浴室及陽臺防水工程，也因是在地板面材下層

施工不易被察覺，因而未依設計圖說施作。

　　根據檢方約談，設計師指出：「所有裝修工程及變更設計部分雙方都有溝通，並強調他個人沒舉報業主違建」。檢方調查時，設計師指稱工程施做、材料變更……等都獲業主同意，但檢察官拿出設計圖說與工程合約內容質問時，設計師卻無法解釋清楚，且雙方皆無任何文字紀錄或簽屬文件。檢方認為設計師為盡其專業責任，在設計之初就告知業主陽臺外推是違建，又偷工減料施做在後，接著又以舉報拆違建逼屋主給錢，有違誠信原則且手段惡劣，所以將設計師起訴，……。

### 討論議題：如果你是設計師：

1. 你會因為業主未付工程款而向市政府建管單位舉報違建嗎？
2. 你會因為業主的要求在設計時將陽臺外推嗎（違建）？
3. 你會使用未經安全認證的建材嗎？

## ㈥無障礙公園與設計大師

### 案例：無障礙皇宮 [7]

　　小楊到國外讀研究所時把研究主題設定在無障礙空間上。她從第一年開始就非常認真修習本所、外所的相關的課程、蒐集資料、研讀國外可及性的相關法規、設計規範與要點，深入了解了可及性設計的發展過程，以及過去幾個階段的錯誤觀念和最新的發展。學成回國後她花了整整三個月環島一周，去檢視臺灣近年的建築與景觀設計案。環島後她發現臺灣各個空間設計案中的可及性真是慘不忍睹！一些標榜無障礙空間設計的案子，花了大筆錢做建築物內的無障礙的設施，但輪椅使用者根本無法由停車場抵達那些耗資千萬的「無障礙皇宮」！在動線上也屢屢見到設計師為了視覺效果而無謂地添增莫名的障礙。

　　為了讓設計更加友善、避免花錢、花時間卻未能創造出好的可及空間，

---

[7]　（這是張華蓀老師自己寫的）

小楊決定去找目前參與相關規範的訂定、在臺灣各地演講、在講習會中教人如何設計無障礙空間的范老師討論問題何在。她跟教授約了時間討論勘查心得。沒想到在提出各個案子的問題時，這位范教授卻老大不高興，當她提到打算寫一篇評論文章，把每個案子的問題一一整理出來時，范教授卻突然大發雷霆讓氣氛頓時降到冰點，不知如何是好的小楊只好尷尬告辭！

小楊困惑地跟以前的學長談起這個過程。學長說：「你這個豬頭，你批評的案子裡好幾個是范教授的作品耶，他是無障礙設計的大師，怎容得你這個小輩在他前面說三道四！」。這番話讓她開始仔細核對她認為有問題的案子究竟都是哪些設計公司做的。沒想到大部分都是范教授的事務所，以及建築與景觀界的知名公司所做。

這個發現讓小楊陷入兩難：若不指出觀念和作法上的問題，那豈不有違專業良知，會讓更多人將錯誤觀念和作法奉為圭臬？那些法規中過時、有問題之處，豈不逼著設計師必須將錯就錯的進行設計，否則就請不到照？而這豈不導致大眾使用上的不便以及資源的浪費？但若真的為文一一指出錯誤的地方，得罪了各個公司，她以後要找工作豈不是難上加難？更嚴重的是：范教授經常擔任各級機關的評審，得罪了范教授，以後自己還接得到案子嗎？

此外，范教授，以及教授的朋友都是學術期刊的編輯，小楊的文章即使投到相關學刊，文章真的登得出來嗎？

**如果你是小楊，你要不要發表這篇評論臺灣各種充滿障礙之建築、景觀設計案例的文章呢？**

1. 不發表，因為「存在」才能有所作為，為了讓自己對環境做出貢獻，首先要能讓自己接得到案子、有機會做出好的設計，因此就先按下不表吧！

2. 發表，因為建築與景觀專業者，必須支持、支撐專業者的正直與尊嚴，如果讓建築與景觀界一直做錯誤的設計卻無人指出，不是讓這兩個專業失去專業形象與尊嚴嗎？

3. 不發表，因為身為空間專業者必須支持、支撐專業的尊嚴與聲譽。

若是讓大眾知道錯誤設計的案子都是由建築和景觀專業者做的，不是讓家醜外揚，危害空間專業的聲譽？

4. 發表，身為專業者就應該運用習得的以及不打折扣的專業判斷，為建築與景觀的知識、成長做出貢獻，因此應該投稿給空間專業學刊指出問題與盲點以矯正錯誤。

5. 發表，因為身為專業者，在執行所有專業業務時都應維護人權。在得知有危害身心障礙者的人權之事實時，就應勇敢的提出異議與指正，讓社會大眾與政府認知問題所在。

## 討論重點

### 個人；專業；大眾倫理優先次序的權衡

不要用常識判斷，因為我們常被語言、文化、成見、情感所誤導。要一一評估、歸納、整理與思考。

**準則一　一般責任**　成員須維護與發展建築藝術與科學的知識。要尊重既有的成就，要為其成長做出貢獻，要周全地考慮專業活動對社會與環境的衝擊，要運用習得的以及不打折扣的專業判斷。

**倫理準則1.2**　追求卓越：成員應持續地提升美學、建築教育、研究訓練與執業標準。

**倫理準則1.4**　人權：成員必須在執行所有專業業務時都維護人權。

**準則二　對公眾的責任**　成員必須擁抱規範專業活動之法律的意旨並遵循法條，於專業活動中服務與增進公共利益。

**倫理準則2.3**　公民責任：成員必須參加公民和專業活動，並致力於提升公眾對建築師的評價、了解建築以及建築師的責任。

**準則四　對專業的責任**　成員必須支持、支撐建築專業的正直與尊嚴。

1. 會涉及、影響哪些利害關係人（現在和未來的人、事、組織、體制、觀念、作法）？

2. 每個利害關係人所關切的是什麼？

3. 對每個利害關係人產生什麼短期、長期的正面影響或負面影響？

4. 影響的評斷的標準為何？是合理的評斷標準嗎？是否有其他評斷標準？

5. 影響的程度……可以預測與計算嗎？計算的方式為何？

6. 不同評斷標準間的優先順序為何？哪些影響最需要避免？為什麼？經由什麼程序所做的決定？

7. 哪些利害關係人最需要受到照顧？為什麼？經由什麼程序所做的決定？（如何排定個人、人情關係、家族集體、族群、環境利益的優先順序）？

8. 每一個利害關係人如何影響這個案子？

## 延伸活動

1. 你如何看待「為文指出當前空間設計問題、得罪知名教授會導致未來接案困難」的論點。真 / 假、有效 / 無效、發生的機率。

2. 若「為文指出當前空間設計問題、得罪知名教授會導致未來接案困難」為真，你會採取什麼樣的行動（發表 / 不發表，或其他）？說明你如何衡量不同行動的後果？

3. 訪談設計師，問他們從事或未考慮通用設計的原因或困難，了解背後的意義。

4. 在這個案例中顯現出什麼樣的結構問題，使得小楊陷入困境？可以採取什麼樣的行動與作法讓類似小楊的人可以更放心的分析評論現有設計案的問題。

## ㈦是否要大義滅親：設計師的困境

## 案例：設計師的困境[8]

　　小翼畢業後找到縣府建設局的約聘工作，工作的幾年中一直讓他很困惑是：很多設計案中的土方其實如果稍微注意一下，根本可以在基地內用挖填平衡的方式處理！若能要求得標廠商確實做到，不但對環境好，也可以讓政府少花一點無謂的買土、棄土的錢、減少對環境的危害。但是頂頭上司對他的建議總是找很多理由否決，後來才知道土方涉及大量的利益，很多接縣府工程的工程公司還有黑道背景！會計室的陳姐還偷偷告訴他縣府很多經辦人員都有拿回扣，挖填平衡的設計雖然對環境好、但是卻擋了人家的財路。

　　小翼越想越氣，決定豁出去就這麼要求廠商。沒想到將廠商的圖退回去幾次之後，昨天廠商竟然請她出去喝咖啡，話中充滿了威脅。這下她猶豫了，回頭一想，又沒有法規規定一定要挖填平衡。上司都不要求了，我憑什麼要求廠商？現在搞到被黑道威脅！要怎麼辦呢？

**是要繼續嚴格要求廠商？還是睜隻眼閉隻眼？或是跟立委報料？**

1. 遵循上司的指示：身為下屬就應該遵循上司的指示，上司既然不贊同，就不應越權要求？

2. 嚴格要求：身為專業者就必須維護委託人（授權縣政府的人民）的權益，應維護大眾安全，並讓公帑花在對的地方。

3. 跟立委報料：身為景觀專業者就必須支持、支撐建築專業的正直與尊嚴。為了揭發不義，我臥底在辦公室（公司、公部門等）蒐集資訊，然後報告檢調單位、媒體、學會或環保團體。但，人民有守法的義務，私下蒐集資訊合法嗎？

---

8　（這是張華蓀老師自己寫的）

## 討論重點

> 1. 個人、家庭、公司、專業、大眾倫理優先次序的權衡。
> 2. 行為後果的衡量不要用常識判斷，因為我們常被語言、文化、成見、情感所誤導。要一一評估、歸納、整理與思考。

### 準則二　對公眾的責任

**倫理準則2.1**　行為：成員在執行專業業務時必須遵循維護法律。

**準則四　對專業的責任**　成員必須支持、支撐建築專業的正直與尊嚴。

**準則六　對環境的責任**　成員在從事專業活動時必需促進持續性設計與發展的原則。

> 1. 會涉及、影響哪些利害關係人（現在和未來的人、事、組織、體制、觀念、作法）？
> 2. 每個利害關係人所關切的是什麼？
> 3. 對每個利害關係人產生什麼短期、長期的正面影響或負面影響？
> 4. 影響的評斷的標準為何？是合理的評斷標準嗎？是否有其他評斷標準？
> 5. 影響的程度可以預測與計算嗎？計算的方式為何？
> 6. 不同評斷標準間的優先順序為何？哪些影響最需要避免？為什麼？經由什麼程序所做的決定？
> 7. 哪些利害關係人最需要受到照顧？為什麼？經由什麼程序所做的決定？（如何排定個人、人情包袱、家族集體、族群、環境利益的優先順序）
> 8. 每一個利害關係人如何影響這個案子？

## 延伸活動

> 1. 就不同時間點、嚴重程度來討論不同的因應方式。
> 2. 蒐集案例，了解背後的意義。

PS.模擬政府，想想應該如何改善、管制或決策。

## ㈧公園設計與街友／流浪漢

### 案例：公園設計[9]

　　小剛的公司接到一個都會公園案，他卯足了勁想讓這個公園成為一個讓城市人喜歡沒事來坐坐、看看、可以讓各種活動發生的好案子。沒想到向市府報告後被「發回重改」，因為某個單位主管業主認為有太多地方會成為流浪漢睡覺的地方、會危及婦女兒童人身安全。要小剛回去重新檢討設計，要讓所有空間和設施都能防止流浪漢停留過夜。小剛一肚子火，心想：「街友就不是公民？就不能使用公園嗎？……但是街友喝酒鬧事甚至性侵的新聞也的確時有所聞。

**若你是小剛，你會修改設計讓所有空間和設施都防止街友／流浪漢停留過夜嗎？**

1. 會，因為委託者最大。
2. 不會，因為街友／流浪漢也有使用公園的權利。
3. 會，因為為了維護婦女兒童的人身安全。
4. 不會，因為要維護設計師的尊嚴。

### 討論重點

**道德信念真偽、思考邏輯、行為後果間的權衡**

**準則一　一般責任**

**倫理準則1.4**　人權：成員必須在執行所有專業業務時都維護人權。

1. 如果是公民（P）就可以使用公園（Q）或如果是良民（P1）就可以使用公園

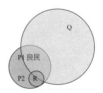

---

9　（這是張華蓀老師自己寫的）

2. 街友／流浪漢＝不是公民？或街友／流浪漢＝不是良民（P2）？所以不能使用公園？

3. 良民、不是良民如何定義？

4. 街友／流浪漢（R）如何定義？

5. 街友／流浪漢真的比其他人造成更多對婦女的威脅嗎？

6. 如果是街友／流浪漢就不是良民？

   所有的街友／流浪漢都對婦女造成威脅嗎？

   如果是婦女就都是良民？就不會對別人造成威脅？

   有婦女犯罪殺人，就可將此族群界定為不是良民？

7. 根據AIA倫理準則1.4有關人權的規範：成員必須在執行所有專業業務時都維護人權。街友／流浪漢的人權和婦幼人權是非此即彼的關係嗎？還是都要維護？可以排序嗎？孰輕孰重？

---

1. 分析信念的真偽與有效性

   (1) 前提為何？

   (2) 名詞定義（前提中所指涉的究竟是什麼？涵蓋哪些東西）

   (3) 是真的嗎？是否有證據？

   (4) 是否有其他的可能？

   (5) 是一種絕對道德嗎（誰訂定、其權威性何來、為何不會有錯誤、為何要遵循）？有沒有例外？可不可以有例外？

   (6) 論證（思考邏輯）的有效性

2. 各種信念、考量的重要性排序

3. 行為後果……正負面影響為何？影響哪些對象、影響程度？（舉相關案例）

4. 繪製不同信念下之道德課題。

5. 討論個人與結構上問題、責任與義務，可採取的行動。

## 延伸討論

1. 蒐集不同立場者的論點，分組模擬不同角色的心態。

2. 進行正反方辯論。

3. 還有哪些被標籤化的人被排擠於公園或其他公共空間之外，他們被排擠的原因為何？設計師應如何看待這種排擠？

## ㈨無償加班與災後重建

### 案例：無償加班 [10]

　　小陳讀研究所時就參加許多NGO的活動，對社會和環境充滿理想，現在她開了家事務所，決心好好的做幾個對環境、對社會負責的好案子。

　　然而，在工作幾年後，她發現為了做好案子，公司裡上至老闆下至繪圖員，每個人每周都至少加班40小時，經常回家時經常都已天明。但她常想：起碼我做的事是對社會、對環境有意義的事，同伴們都有共同的目標合作愉快，即使多付出一點也是值得的。

　　但，最近她陷入兩難。當她得知風災後南部有需要幫忙的部落要重建家園時，她覺得她應該帶領員工一起投入支援！然而若是再去支援部落，以事務所有限的經費，她無法增聘員工、也無法負擔更多加班費；以現有的人力，以及手上諸多進行到一半的案子，若要都顧全那麼全體員工大概每天都不用睡覺了？很多同事在長期睡眠不足下已滿臉青春痘、臉色泛黃，結婚的同事更被家人罵到臭頭，甚至有一個同事還面臨婚姻危機。再投入救災豈非雪上加霜？但是，看著流離失所並將因此流失族群文化的災民；又想到在過度疲勞下，能對得起現在合作的委託者和社區，維持應有的工作品質嗎？

**如果你是小楊，你該不該投入救災呢？**

1. 不支持，因為專業者必須以專業的態度與能力服務客戶。我們現在

---

10 （景觀系連振佑老師自己寫的）

已經在做公共服務了，不可能所有要服務的都要我們去做吧？現在都已經犧牲睡眠在做案子了，去協助災民後那能以同樣的精力來為現有業主付出？這豈不有違專業倫理。因此，與其一次幫十個人結果沒一個做得好，不如好好把一件事做好。

2. 支持，因為專業者必須提供公共利益上的專業服務，無論多累都要拼全力幫助災民。

3. 不支持，因為必須尊重工作者的生命與健康。我們畢竟不是鐵打的，也需要休息睡覺，留得青山在，不怕沒柴燒，好人已經很少了，把我們累死不見得對社會更有幫助。

4. 支持，因為專業者應致力於提升公眾對景觀建築師的評價、了解景觀建築以及景觀師的責任。其他各行各業都去幫忙了，重建涉及這麼多環境規劃的專業問題，這時候景觀界缺席，以後還有什麼資格叫人家相信環境規劃是景觀師的專業？拼死也得做！

5. 支持，因為別人不像我們那麼有經驗、能力、意願，如果我們不做，讓沒心的人亂做，造成文化和環境的悲劇，我會無法心安。

## 討論重點

1. 倫理信念是絕對義務或相對義務？
2. 倫理信念的排序以及行為後果的衡量？

### 準則二　對公眾的責任

**倫理準則2.2**　公共利益服務：成員必須提供公共利益上的專業服務，包含為慈善機構、窮人、災民或其他緊急狀況的人提供的免費專業服務，並鼓勵其雇員安排類似的服務。

**倫理準則2.3**　公民責任：成員必須參加公民和專業活動，並致力於提升公眾對建築師的評價、了解建築以及建築師的責任。

## 準則三　對客戶的責任

**倫理準則3.1**　能力：成員必須提供業主適時而有水準的服務。

行為規範3.102　成員在團隊具有足夠專業能力（教育、訓練與經驗）處理案子以及所涉及的特定技術時才去接相關的案子。

## 準則四　對專業的責任

**倫理準則4.1**　誠實與公平：成員在執行專業服務時應秉持誠實與公平的原則。

**倫理準則4.2**　尊嚴與正直：成員應經由他們的行動來努力提升專業的尊嚴與正直，並確保他們的代表以及員工的行為符合本規範。

## 準則五　對同業的責任

**倫理準則5.1**　專業環境：成員必須為他們的公司與員工提供合宜的工作環境，給予員工合理的報償，並協助其專業成長。

**倫理準則5.2**　實習生與專業成長：成員必須認知其在培育後進上的責任，並協助其在各個專業生涯階段（從在學校接受專業教育、進階到實習生、以至於其專業生涯）上的成長。

### 延伸討論

> 1. 討論個人與結構上問題、責任與義務，可採取的行動？
> 2. 進行正反方辯論。

## ㈩海岸開發經濟發展與環境維護／美麗灣渡假村

### 案例：美麗灣渡假村

> 1. 臺東縣政府於2004年12月14日與美麗灣渡假村股份有限公司（下稱美麗灣公司），以BOT方式將臺東縣卑南鄉加路蘭段346及346-2地號等山坡地土地交由美麗灣公司進行開發，開發面積合計59,956平方公尺。該公司於次年2月21日以因應開發需要為由，申請臺東縣政府同意合併加路蘭段346及346-2地號土地，再分割成同段346及346-4地號土地，將美麗灣旅館

主體建物的實際建築基地即346-4地號土地，面積0.9997公頃分割出來，正好沒有達到「開發行為應實施環境影響評估細目及範圍認定標準」第31條第13款第5目規定山坡地應實施環境影響評估（以下簡稱環評）的1公頃開發面積門檻。臺東縣政府於同年3月8日以「配合開發需要」為理由，同意辦理土地合併及分割，使該建築基地得以不必進行環評直接開發。

2. 美麗灣公司於2005年10月07日取得該0.9997公頃的旅館主體建照後，緊接於同年12月12日申請擴大開發面積，嗣於2006年09月26日申請全區六公頃開發，並檢具環境影響說明書送審。送審環評時，原住民族基本法已施行約1年半，卻對當地阿美族部落依原住民族基本法第21條第1項規定取得其同意的要求置若罔聞。屢屢抗議無效後，展開公民訴訟，2007年05月11日發公民告知書，同年7月26日起訴；隔年2008年06月15日通過環評、並於07月22日公告後，再打撤銷環評的行政訴訟。

3. 美麗灣渡假村開發地點，杉原南段有阿美族的莿桐聚落，而且是阿美族每年7、8月舉行的豐年祭與海祭的主要場域。

4. 周邊的史前遺址包含新石器時代富山文化及麒麟文化的杉原遺址，富山第一遺址（富山文化）與第二遺址（含富山文化、麒麟文化）等。

5. 依中央研究院生態多樣中心於2008年8月10日發表的「臺東杉原灣海洋生態與生物多樣性調查報告書」所載，已記錄到104種石珊瑚、10種軟珊瑚、5種水螅珊瑚，總共119種，並因而孕育豐富的魚蝦、蟹貝、海參、海膽等生態與漁業經濟資源。可說是集文史與生態兼具、豐富多樣的珍貴寶地。

**若你是臺東縣政府，你會堅持BOT開發美麗灣渡假村嗎？**

1. 會，因為蓋飯店確實可以創造更多在地就業機會。

2. 會，因為只要辦理的過程一切符合法令規定都是可以的。

3. 不會，因為美麗灣渡假村開發地點侵害到原住民的傳統領域。

**若你是美麗灣渡假村規劃設計單位員工，你會持續參與本案嗎？**

1. 會，老闆叫我做什麼就做什麼，圖紙上的技術就是專業的發揮。

2. 會，能夠在美麗的海灣推動一個渡假村設計是我難得的機會。

3. 會，這樣一個開發案可以創造很多在地就業一定要推動。

4. 不會，發揮設計專業能力應該兼顧維護環境品質的基本認知。

5. 不會，尊重多元文化，原住民傳統領域應該給予尊重與維護。

## 延伸討論

1. 普遍的官方說法是類似的開發案可以增加GDP、稅收與促進就業。但實際情形呢？

## ㈡古蹟保存與都市更新／歸綏街文萌樓

### 案例：歸綏街文萌樓

1. 1997年，當時擔任臺北市長的陳水扁宣布廢娼，文萌樓從此成為反廢娼抗爭運動的中心。1999年起關心文萌樓的團體宣布轉型，並改名為「日日春關懷協會」。2006年，臺北市政府指定為市定古蹟，法源依據為《文化資產保存法》成為臺灣性工作者的紀念建築。

2. 2011年，現任屋主以330萬買下文萌樓，要求日日春搬出。2012年，一審日日春關懷協會敗訴，被要求遷出。建商提出都市更新計畫。2013年，二審再次敗訴。日日春與建商協議，建商同意將文萌樓捐贈臺北市文化局做公益，但屋主不願意。2015年10月，日日春文化協會集資募得超過340萬元，希望市政府文化局能出面買回古蹟，創造公共利益。

3. 在公共輿論中討論文萌樓存廢時，張吉宏先生曾說：「說要留著拿來教育，教育誰？教育下一代說性工作者是榮譽的嗎？」也有人提到：「再說這些人，剛剛那個代表（秀蘭）說她很懷念，那個人，還活多久？她的過去已經沒了啦！」、「她為什麼要戴帽子，她也是羞於、不敢明目張膽表達自己意見，其實自己就是遮遮掩掩。」對於雖已指定為市定古蹟的文化價值，出現非常大的歧異。

4. 古蹟保存團體認為，部分投機客會利用古蹟參與都更，不但可把古蹟土

地的開發權蓋成新房子；政府還會給予額外的容積獎勵來修復古蹟，還能分享都更裡其他的容積獎勵。古蹟都更本意不壞，但在文萌樓的案例裡，公共財卻成了謀私利的工具！容積獎勵和古蹟都是社會共同創造的，但投機客一旦趕走日日春，不僅是掏空古蹟居然還可A容積獎勵。

5. 都市更新開發業者認為，如果古蹟保存團體這麼熱愛文萌樓，應該發動募款買下這棟建築物，讓自己成為可以決定古蹟未來的所有權人。

**若你是臺北市政府，你會採取怎樣的態度與方法？**

1. 依法行政，現在誰是屋主，他在合法條件下想怎麼樣就怎樣，政府中立。

2. 徵收文萌樓，將社會上的公共資產納入市有財產，即可兼顧都更與古蹟。

3. 支持民間拆除文萌樓的意見，這是屬於當地多數人希望抹除的負面回憶。

4. 持續創造對話溝通的機制，讓各種不同的意見能夠取得最終完善的共識。

**若你是協助推動都市更新的實施者團隊其中一員，你會怎麼做？**

1. 不過就是要更新的範圍中的一棟房子，老闆叫我怎麼做我就怎麼做。

2. 積極找尋可以讓古蹟與都市更新共存的方案與案例，促成創新的設計。

3. 看當地多數人的意見是什麼，民主社會就是少數服從多數。

4. 現在屋主無論如何就是所有權人，他想要怎樣參與都更那就是最佳方案。

## 延伸討論

1. 都市更新總是拆舊樓蓋新樓？新樓就是比較新比較好？在高容積、高房價、高環境負載之外，我們能否擁有另一種都市更新：充足公共空間、兼顧社會公平、保存歷史風貌？

2. 公娼文化雖被指定為文化資產的一部分，當地居民卻希望抹除這些集體記憶，該如何才能推動另一種性別教育？

## ㈛都市更新／文林苑的願與不願

案例：文林苑

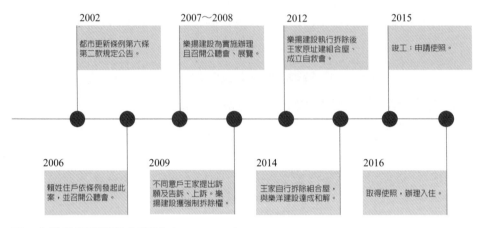

圖：文林苑都更爭議大事記（2002-2016）

　　2012年3月臺北市政府依都市更新條例第36條強制拆除不同意參加士林區文林苑都市更新案，但被劃定為更新單元範圍內之「王家祖厝」。拆除現場執行拆除人員、警方與反對都更方爆發衝突，並引發後續社會運動、王家提訴（訴願及行政訴訟）、大法官釋憲（釋字709、725）、都市更新條例修法及全臺都更案件停擺情狀。

　　本案始於2006年由賴姓住戶依都市更新條例第10條發起文林苑都市更新案，在更新地區內協調區內居民、土地所有權人達到合於都市更新單元大小之標準，並於同年12月15日召開都市更新事業概要公聽會。在徵求住戶與地主意向後，都更範圍排除有面接道路、可合法排除的郭元益大樓、有應公廟及文林路與後街夾角兩棟建物，於2007年3月9日提出都市更新事業概要和都更範圍申請，臺北市政府於2007年5月1日核定通過。

　　市政府通過都市更新事業概要和都更範圍後，當地住戶委任樂揚建設為實施者辦理都市更新與建「文林苑」住宅大樓，市政府並核定准予實施者即參加人實施本案。本案業於2008年1月4日舉辦事業計畫及權利變換計畫公聽會，取得更新單元內私有土地所有權人73.68%、土地面積77.83%、

私有合法建築物所有權人72.34%及其總樓地面積79.90%之同意，符合都市更新條例第22條同意比例門檻後，2008年6月11日報請市政府核定。市政府於2008年9月26日辦理公開展覽30日，並於同年10月23日舉辦公聽會聽取民眾意見後，提請都市更新及爭議處理審議會審議，該會於2009年6月16日以修正後通過。

文林苑都市更新事業計畫通過後，不同意戶王家（擁有2筆土地及建物被包含於市政府核定的都市更新範圍內）向臺北市政府及內政部提出「權利價值異議」和「不服都更行政處分」訴願，但均遭駁回。後於2009年向臺北高等行政法院提起（對臺北市市政府）告訴，高院以98年訴字第2467號判決王家敗訴，王家不服提起上訴，最高行政法院於2011年6月30日（100年裁字第1582號）駁回王家上訴，並同意臺北市政府見解，認為王家土地未臨道路用地（袋地），面積亦小於最小可申請建築面積，排除於本都更案範圍外將致全案不合法。樂揚建設於2009年高等行政法院判決後，依都更條例第36條規定申請市政府協助，請求代為強制拆除王家建物，市府因王家上訴而暫緩拆除，直到最高行政法院判決後，市政府於2012年3月發出拆除公文，同年3月28日拆除王家。

**如果你（妳）是市政府都更之一員（承辦或審議委員〈建築師或學校教授〉），要怎麼讓都更程序更符合程序正義呢？**

1. 試列出都更法令中都更關係人及社區參與之條文，以利解釋說明。
2. 符合規定即可，都更實施者按法令規定符合都更發起之最低限度，並有舉辦公聽會、公開展覽及給予意見發之機會，有通知的作為即可，不必再行要求法令規定以外之作為。
3. 更高要求，要求都更實施者取得都更發起最低限度+20%，且務必要讓所有關係人皆獲通知，並出席公聽陳述表意見，公開展覽亦以上網方式公告。

**如果你（妳）是市政府拆除隊之一員，如何執行拆除工作？**

1. 拆除前、中、後要考慮哪些作為？
2. 拆除的最優時間如何選擇？

3. 請試寫出本案拆除的SOP。

**如果你（妳）是都更實施者（建商），會怎麼執行該都更案？**

1. 只要合於法令即可，不管反對戶？

2. 與反對戶單獨商議，給予較其他同意戶優惠的特別待遇？

3. 請市政府或審議委員會介入？

**如果你（妳）是本案的設計人員（建築師）。會怎樣考慮王家的安排？**

1. 完全不考慮，僅考量設計整體性、經濟性及時效性。

2. 不考慮，僅於分配時，儘量符合需求。

3. 考慮，單獨另棟設計。

4. 考慮，併於設計之內。

**如果你（妳）是立法委員對都更條例修法之諮詢者（建築師），會怎麼建議修法？**

1. 大法官釋字第709號已宣告都市更新條例第10條第1、2項、第19條第3、4項規定違憲並於103年4月失效，現在要修法，你（妳）要怎樣建議修法。

## 討論重點

1. 角色不同，會有不同的作為、思考模式，嘗試以他人角度觀看事件背後所隱藏的因及果。

2. 本件案例中涉及憲法所保障之居住自由及財產權與公眾利益衝突，當衝突發生時要如何取得平衡。

1. 都更會涉及、影響哪些利害關係人？

2. 每個利害關係人所關切的是什麼？

3. 當外在因素的介入時，原利害關係人間會產生何種變化？（例如媒體、議員關切）

4. 當時間的軸線拉長時，每個利害關係人會產生什麼正、負面的影響？

5. 哪些利害關係人最需要受到照顧？為什麼？決定的因子排列順序？

6. 利害關係人如何影響案件之發展？

## 延伸活動

1. 何謂居住正義？

2. 政府給予都更實施者之利益是否合理？

3. 國家權力介入都更實施之作為是否適當？

4. 設計者應否個別考量釘子戶之需求？

# 本案例相關法規及說明

## 都市更新條例〈節錄第一至第三章條例如下：〉

中華民國八十七年十一月十一日總統（87）華總（一）義字第8700232460號令制定公布全文62條，經10次修正，中華民國一百零八年一月三十日總統華總一義字第10800010381號令修正公布全文88條；並自公布日施行。

修法主要著重3大面向，包括健全重要機制、解決實務困境和強化程序正義。

修法：將容積獎勵明確化、避免信任度產生威脅，減少審議過程不信任因素。

### 第一章　總則

#### 第1條
為促進都市土地有計畫之再開發利用，復甦都市機能，改善居住環境與景觀，增進公共利益，特制定本條例。

#### 第2條
本條例所稱主管機關：在中央為內政部；在直轄市為直轄市政府；在縣（市）為縣（市）政府。

#### 第3條
本條例用詞，定義如下：

一、都市更新：指依本條例所定程序，在都市計畫範圍內，實施重建、整建或維護措施。

二、更新地區：指依本條例或都市計畫法規定程序，於都市計畫特定範圍內劃定或變更應進行都市更新之地區。

三、都市更新計畫：指依本條例規定程序，載明更新地區應遵循事項，作為擬訂都市更新事業計畫之指導。

四、都市更新事業：指依本條例規定，在更新單元內實施重建、整建或維護事業。

五、更新單元：指可單獨實施都市更新事業之範圍。

六、實施者：指依本條例規定實施都市更新事業之政府機關（構）、專責法人或機構、都市更新會、都市更新事業機構。

七、權利變換：指更新單元內重建區段之土地所有權人、合法建築物所有權人、他項權利人、實施者或與實施者協議出資之人，提供土地、建築物、他項權利或資金，參與或實施都市更新事業，於都市更新事業計畫實施完成後，按其更新前權利價值比率及提供資金額度，分配更新後土地、建築物或權利金。

## 第4條

都市更新處理方式，分為下列三種：

一、重建：指拆除更新單元內原有建築物，重新建築，住戶安置，改進公共設施，並得變更土地使用性質或使用密度。

二、整建：指改建、修建更新單元內建築物或充實其設備，並改進公共設施。

三、維護：指加強更新單元內土地使用及建築管理，改進公共設施，以保持其良好狀況。

都市更新事業得以前項二種以上處理方式辦理之。

## 第二章　更新地區之劃定

## 第5條

直轄市、縣（市）主管機關應就都市之發展狀況、居民意願、原有社會、經濟關係、人文特色及整體景觀，進行全面調查及評估，並視實際情況劃定更新地區、訂定或變更都市更新計畫。

## 第6條

有下列各款情形之一者，直轄市、縣（市）主管機關得優先劃定或變更為更新地區並訂定或變更都市更新計畫：

一、建築物窳陋且非防火構造或鄰棟間隔不足，有妨害公共安全之虞。

二、建築物因年代久遠有傾頹或朽壞之虞、建築物排列不良或道路彎曲狹

小，足以妨害公共交通或公共安全。

三、建築物未符合都市應有之機能。

四、建築物未能與重大建設配合。

五、具有歷史、文化、藝術、紀念價值，亟須辦理保存維護，或其周邊建
築物未能與之配合者。

六、居住環境惡劣，足以妨害公共衛生或社會治安。

七、經偵檢確定遭受放射性污染之建築物。

八、特種工業設施有妨害公共安全之虞。

### 第7條

有下列各款情形之一時，直轄市、縣（市）主管機關應視實際情況，迅行
劃定或變更更新地區，並視實際需要訂定或變更都市更新計畫：

一、因戰爭、地震、火災、水災、風災或其他重大事變遭受損壞。

二、為避免重大災害之發生。

三、符合都市危險及老舊建築物加速重建條例第三條第一項第一款、第二
款規定之建築物。

前項更新地區之劃定、變更或都市更新計畫之訂定、變更，中央主管機關
得指定該管直轄市、縣（市）主管機關限期為之，必要時並得逕為辦理。

### 第8條

有下列各款情形之一時，各級主管機關得視實際需要，劃定或變更策略性
更新地區，並訂定或變更都市更新計畫：

一、位於鐵路場站、捷運場站或航空站一定範圍內。

二、位於都會區水岸、港灣周邊適合高度再開發地區者。

三、基於都市防災必要，需整體辦理都市更新者。

四、其他配合重大發展建設需要辦理都市更新者。

### 第9條

更新地區之劃定或變更及都市更新計畫之訂定或變更，未涉及都市計畫之
擬定或變更者，準用都市計畫法有關細部計畫規定程序辦理；其涉及都市

計畫主要計畫或細部計畫之擬定或變更者，依都市計畫法規定程序辦理，主要計畫或細部計畫得一併辦理擬定或變更。全區採整建或維護方式處理，或依第七條規定劃定或變更之更新地區，其更新地區之劃定或變更及都市更新計畫之訂定或變更，得逕由各級主管機關公告實施之，免依前項規定辦理。

第一項都市更新計畫應表明下列事項，作為擬訂都市更新事業計畫之指導：

一、更新地區範圍。

二、基本目標與策略。

三、實質再發展概要：

㈠ 土地利用計畫構想。

㈡ 公共設施改善計畫構想。

㈢ 交通運輸系統構想。

㈣ 防災、救災空間構想。

四、其他應表明事項。依第八條劃定或變更策略性更新地區之都市更新計畫，除前項應表明事項外，並應表明下列事項：

㈠ 劃定之必要性與預期效益。

㈡ 都市計畫檢討構想。

㈢ 財務計畫概要。

㈣ 開發實施構想。

㈤ 計畫年期及實施進度構想。

㈥ 相關單位配合辦理事項。

## 第10條

有第六條或第七條之情形時，土地及合法建築物所有權人得向直轄市、縣（市）主管機關提議劃定更新地區。

直轄市、縣（市）主管機關受理前項提議，應依下列情形分別處理，必要時得通知提議人陳述意見：

一、無劃定必要者，附述理由通知原提議者。

二、有劃定必要者，依第九條規定程序辦理。

第一項提議應符合要件及應檢附之文件，由當地直轄市、縣（市）主管機關定之。

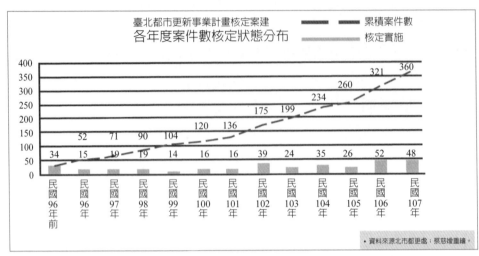

• 資料來源北市都更處；蔡慈嫚重繪。

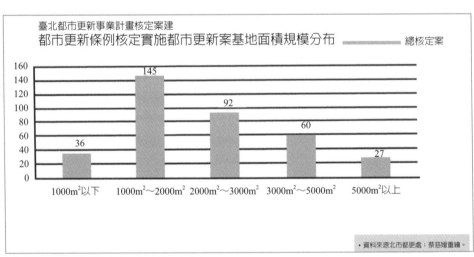

• 資料來源北市都更處；蔡慈嫚重繪。

## ㈢農舍爭議

## 案例：宜蘭農舍[11]

　　臺灣自2000年農發條例修正，開放農地自由買賣，除了買賣並可興建農舍，此法讓臺灣綠油油的農田地景，陸續產生空間秩序的紊亂，許多農地變成低密度住宅區。被稱為臺灣後山的宜蘭，幾百年來生產優良稻米的世代水田，在北宜高速公路通車後，快速鋪上水泥、改種農舍等。

　　**『當全國農地都成住宅區，真正的農民就必須買建地來務農，農委會在民國88年所做的調查，當時全國農地平均價格已經高達每分地150萬，比世界第二高的日本還高出五倍有餘。』**[11]弔詭的是，明明土地價格連連上漲，國家稅收卻掛零，因為買賣的是農地，一切稅賦全免，而過去整體社會資源大量挹注，致力提高糧食生產效益的農村土地重劃，許多已變成農舍炒作鋪路的基礎建設。

　　如果在城市居住以久的雙親，打算移居（或退休）來到宜蘭享受田園生活，準備購買農地興建農舍……

1. **若你是地主，你會賣農地給外人嗎？**

不會：因為農田不僅是私人財產，更是歷代農民與整體社會投注心血的結果，雖是私有財，但深具公共性。保留農地，方可保留農業生產環境之完整性。

會：因為耕作一輩子的收入不如賣一塊地！

一個農民耕作3分地（1分＝293.4坪，3分＝880.2坪），一期稻作可獲利6000*3=18000 （這是在風調雨順，且有使用農藥狀況下）

稻作三個月一期，一年可收四期，一年獲利18000*4=72000，

平均月薪72000/12=6000。

目前農地每坪約1萬5000元左右，則3分地（880.2坪）售出可得1320萬元，相當於耕作183年可獲得的利潤。

---

11 引用李寶蓮，〈農舍議題與鄉村規劃〉，建築師2015/09，建築師雜誌社出版社。

2. **若雙親徵求你的意見，你會選擇買農地興建農舍嗎？**

會：因為你對農事的熱愛，也對有機農業支持，你是要真正的居住，而非作為假日住宅或民宿。

不會：要另外找有田園景觀的建地，但其他的建地一坪都高達十來萬，也買不起。

3. **若雙親委託你設計農舍。是否會幫他們設計農舍？**

會：你知道這是農地，既然這是一個既成事實，與其讓別的設計師設計一間格格不入的房子，你會盡可能做一個與地景融合的建築設計。

不會：良心過意不去，不願意當破壞景觀的殺手。

4. **若你是有心投入農業的年輕人，你還願意買農地嗎？**

願意：但買不起，因為農收入根本買不起農地。

不願意：不願意買農地，只好用租的。

## 延伸討論

1. 為什麼農地主、黃氏夫婦、建築師、有心投入農業的年輕人，四者都陷入兩難？到底是哪裡出了什麼問題？

2. 變調的農業政策？城市的房地產高漲，把原本應居住在城市的人逼趕到農村？

# 節錄本案例相關法規參考

## 〈非都市土地使用管制規則〉

### 第一章　總則

#### 第1條

本規則依區域計畫法（以下簡稱本法）第十五條第一項規定訂定之。

#### 第2條

非都市土地得劃定為特定農業、一般農業、工業、鄉村、森林、山坡地保育、風景、國家公園、河川、海域、特定專用等使用分區。

#### 第3條

非都市土地依其使用分區之性質，編定為甲種建築、乙種建築、丙種建築、丁種建築、農牧、林業、養殖、鹽業、礦業、窯業、交通、水利、遊憩、古蹟保存、生態保護、國土保安、殯葬、海域、特定目的事業等使用地。

### 第二章　容許使用、建蔽率及容積率

#### 第9條

下列非都市土地建蔽率及容積率不得超過下列規定。但直轄市或縣（市）政府得視實際需要酌予調降，並報請中央主管機關備查：

一、甲種建築用地：建蔽率百分之六十。容積率百分之二百四十。

二、乙種建築用地：建蔽率百分之六十。容積率百分之二百四十。

三、丙種建築用地：建蔽率百分之四十。容積率百分之一百二十。

四、丁種建築用地：建蔽率百分之七十。容積率百分之三百。

五、窯業用地：建蔽率百分之六十。容積率百分之一百二十。

六、交通用地：建蔽率百分之四十。容積率百分之一百二十。

七、遊憩用地：建蔽率百分之四十。容積率百分之一百二十。

八、殯葬用地：建蔽率百分之四十。容積率百分之一百二十。

九、特定目的事業用地：建蔽率百分之六十。容積率百分之一百八十。

經依區域計畫擬定機關核定之工商綜合區土地使用計畫而規劃之特定專用區，區內可建築基地經編定為特定目的事業用地者，其建蔽率及容積率依核定計畫管制，不受前項第九款規定之限制。

經主管機關核定之土地使用計畫，其建蔽率及容積率低於第一項之規定者，依核定計畫管制之。第一項以外使用地之建蔽率及容積率，由下列使用地之中央主管機關會同建築管理、地政機關訂定：

一、農牧、林業、生態保護、國土保安用地之中央主管機關：行政院農業委員會。

二、養殖用地之中央主管機關：行政院農業委員會漁業署。

三、鹽業、礦業、水利用地之中央主管機關：經濟部。

四、古蹟保存用地之中央主管機關：文化部。

## 〈實施區域計畫地區建築管理〉

### 第5條

於各種用地內申請建造自用農舍者，其總樓地板面積不得超過四百九十五平方公尺，建築面積不得超過其耕地面積百分之十，建築物高度不得超過三層樓並不得超過10.5公尺，但最大基層建築面積不得超過三百三十平方公尺。前項自用農舍得免由建築師設計、監造成營造業承造。

## 〈農業用地興建農舍辦法〉

### 第4條

申請興建農舍之土地，有列情形之一者，不得依本辦法申請農舍：

一、依區域計畫法編定之水利用地、生態保護用地、國土保安用地。

二、工業區內農牧用地、林業用地。

三、其他違反土地使用管制規定者。

### 第7條

興建農舍應注意事項如下：

一、農舍興建圍牆，以不超過法定基層建築面積範圍爲限。

二、地下層每層興建面積，不得超過業層建築面積，其面積應列入總樓地板面積計算。但防空避難設備、裝卸、停車空間、機電設備空間，符合建築技術規則建築設計施工編第一百六十二條規定者，得予扣除。

三、申請興建農舍之該宗農業用地，扣除興建農舍土地面積後，供農業生產使用部分應爲完整區塊，且其面積不得低於該宗農業用地面積百分之九十。

四、興建之農舍應依建築技術規則之規定，設置建築物污水處理設施。

五、農舍之放流水應排入排水溝渠，其排入灌漑專用渠道者，應經管理單位同意；其排入私有水體者，應經所有人同意。

## 〈2015年農業用地興建農舍辦法〉

一、「農業用地興建農舍辦法」（以下簡稱本辦法）業於104年9月4日修正發布施行，增列申請興建農舍之農民認定，及申請人應檢附依中央主管機關訂定之經營計畫書格式，以供直轄市、縣（市）政府審認確供農業使用與不影響農業生產環境及農村發展等事項。

二、有關興建農舍經營計畫書格式業經本會邀集相關單位研商訂定，並提供審查參考原則供貴府參考，貴府得依轄內農業生產環境條件、區域特色、自治規定及個案情形予以審查。另爲配合本辦法修正，一併檢送申請興建農舍之申請人資格條件審查表供參，貴府得自行調整業務分工及依相關自治法規增訂審查項目。

三、另有關本辦法第3條之1規定，申請人應檢附農業生產相關佐證資料一節，請申請人應檢附下列證明文件之一，且爲申請日往前至少二年內每年之農業生產佐證資料：

㈠ 領取農業天然災害救助之證明文件。

㈡ 領取調整耕作制度活化農地計畫轉（契）作補貼之證明文件（不含休耕給付）。

㈢ 繳售公糧稻穀之證明文件。

㈣ 接受農政相關補助計畫之證明文件（不含人力培訓類）。

㈤ 銷售自產農產品相關證明文件或單據：最低額度以每0.1公頃農產品銷售每年新臺幣30,600元為基數，再依申請農業用地之面積倍數比例調整。

㈥ 農產品通過有機、產銷履歷或優良農產品驗證，或取得產地證明標章等有效期間內之證明文件。

㈦ 其他從事農業生產事實之證明文件。

## 〈宜蘭縣興建農舍申請人資格及農舍建築審查辦法_104年〉

### 第1條
宜蘭縣政府（以下簡稱本府）為執行農業用地興建農舍辦法（以下簡稱興建農舍辦法）所定審查事項，維護農業永續經營環境，特訂定本辦法。

### 第11條
依本辦法核發之興建農舍資格證明，有效期間為六個月。

## 〈宜蘭縣農業用地申請興建農舍審查作業要點_107年〉

## 〈宜蘭縣興建農舍及其農業用地稽查及取締要點〉

一、宜蘭縣政府（以下簡稱本府）為執行農業用地興建農舍辦法第十五條第二項之規定，以維護興建農舍之農業用地作農業使用，訂定本要點。

## 文化資產保存法〈節錄第一章〉

### 第一章　總則

### 第1條
為保存及活用文化資產，保障文化資產保存普遍平等之參與權，充實國民精神生活，發揚多元文化，特制定本法。

### 第2條
文化資產之保存、維護、宣揚及權利之轉移，依本法之規定。

第3條

本法所稱文化資產，指具有歷史、藝術、科學等文化價值，並經指定或登錄之下列有形及無形文化資產：

一、有形文化資產：

㈠ 古蹟：指人類為生活需要所營建之具有歷史、文化、藝術價值之建造物及附屬設施。

㈡ 歷史建築：指歷史事件所定著或具有歷史性、地方性、特殊性之文化、藝術價值，應予保存之建造物及附屬設施。

㈢ 紀念建築：指與歷史、文化、藝術等具有重要貢獻之人物相關而應予保存之建造物及附屬設施。

㈣ 聚落建築群：指建築式樣、風格特殊或與景觀協調，而具有歷史、藝術或科學價值之建造物群或街區。

㈤ 考古遺址：指蘊藏過去人類生活遺物、遺跡，而具有歷史、美學、民族學或人類學價值之場域。

㈥ 史蹟：指歷史事件所定著而具有歷史、文化、藝術價值應予保存所定著之空間及附屬設施。

㈦ 文化景觀：指人類與自然環境經長時間相互影響所形成具有歷史、美學、民族學或人類學價值之場域。

㈧ 古物：指各時代、各族群經人為加工具有文化意義之藝術作品、生活及儀禮器物、圖書文獻及影音資料等。

㈨ 自然地景、自然紀念物：指具保育自然價值之自然區域、特殊地形、地質現象、珍貴稀有植物及礦物。

二、無形文化資產：

㈠ 傳統表演藝術：指流傳於各族群與地方之傳統表演藝能。

㈡ 傳統工藝：指流傳於各族群與地方以手工製作為主之傳統技藝。

㈢ 口述傳統：指透過口語、吟唱傳承，世代相傳之文化表現形式。

㈣ 民俗：指與國民生活有關之傳統並有特殊文化意義之風俗、儀式、祭典及節慶。

㈤ 傳統知識與實踐：指各族群或社群，為因應自然環境而生存、適應與管理，長年累積、發展出之知識、技術及相關實踐。

## 第4條

本法所稱主管機關：在中央為文化部；在直轄市為直轄市政府；在縣（市）為縣（市）政府。但自然地景及自然紀念物之中央主管機關為行政院農業委員會（以下簡稱農委會）。

前條所定各類別文化資產得經審查後以系統性或複合型之型式指定或登錄。如涉及不同主管機關管轄者，其文化資產保存之策劃及共同事項之處理，由文化部或農委會會同有關機關決定之。

## 第5條

文化資產跨越二以上直轄市、縣（市）轄區，其地方主管機關由所在地直轄市、縣（市）主管機關商定之；必要時得由中央主管機關協調指定。

## 第6條

主管機關為審議各類文化資產之指定、登錄、廢止及其他本法規定之重大事項，應組成相關審議會，進行審議。前項審議會之任務、組織、運作、旁聽、委員之遴聘、任期、迴避及其他相關事項之辦法，由中央主管機關定之。

## 第7條

文化資產之調查、保存、定期巡查及管理維護事項，主管機關得委任所屬機關（構），或委託其他機關（構）、文化資產研究相關之民間團體或個人辦理；中央主管機關並得委辦直轄市、縣（市）主管機關辦理。

## 第8條

本法所稱公有文化資產，指國家、地方自治團體及其他公法人、公營事業所有之文化資產。

公有文化資產，由所有人或管理機關（構）編列預算，辦理保存、修復及管理維護。主管機關於必要時，得予以補助。前項補助辦法，由中央主管機關定之。中央主管機關應寬列預算，專款辦理原住民族文化資產之調

查、採集、整理、研究、推廣、保存、維護、傳習及其他本法規定之相關事項。

第9條
主管機關應尊重文化資產所有人之權益，並提供其專業諮詢。前項文化資產所有人對於其財產被主管機關認定為文化資產之行政處分不服時，得依法提起訴願及行政訴訟。

第10條
公有及接受政府補助之文化資產，其調查研究、發掘、維護、修復、再利用、傳習、記錄等工作所繪製之圖說、攝影照片、蒐集之標本或印製之報告等相關資料，均應予以列冊，並送主管機關妥為收藏且定期管理維護。
前項資料，除涉及國家安全、文化資產之安全或其他法規另有規定外，主管機關應主動以網路或其他方式公開，如有必要應移撥相關機關保存展示，其辦法由中央主管機關定之。

第11條
主管機關為從事文化資產之保存、教育、推廣、研究、人才培育及加值運用工作，得設專責機構；其組織另以法律或自治法規定之。

第12條
為實施文化資產保存教育，主管機關應協調各級教育主管機關督導各級學校於相關課程中為之。

第13條
原住民族文化資產所涉以下事項，其處理辦法由中央主管機關會同中央原住民族主管機關定之：
一、調查、研究、指定、登錄、廢止、變更、管理、維護、修復、再利用及其他本法規定之事項。
二、具原住民族文化特性及差異性，但無法依第三條規定類別辦理者之保存事項。

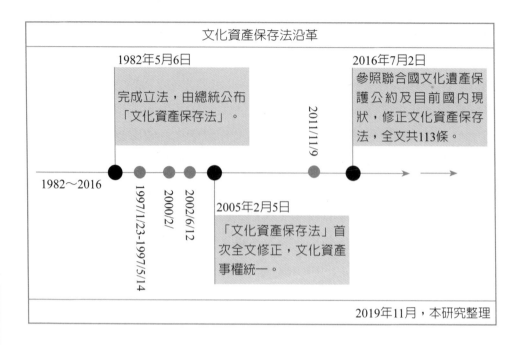

文化資產保存法沿革

1982年5月6日
完成立法，由總統公布「文化資產保存法」。

2016年7月2日
參照聯合國文化遺產保護公約及目前國內現狀，修正文化資產保存法，全文共113條。

2011/11/9

1982～2016

1997/1/23-1997/5/14
2000/2/
2002/6/12

2005年2月5日
「文化資產保存法」首次全文修正，文化資產事權統一。

2019年11月，本研究整理

| 古蹟與歷史建築評定與相關法規綜理表 | | |
|---|---|---|
| 種類 | 古蹟（969件） | 歷史建築（1484件） |
| 形成過程 | 指定 | 登錄 |
| 評定標準 | 1. 所具歷史、文化、藝術、科學、紀念或其他學術價值。<br>2. 時代的遠近。<br>3. 與重要歷史事件或人物的關係。<br>4. 表現各時代的特色、技術、流派或地方的特色。<br>5. 數量的多寡。<br>6. 保存的情況。<br>7. 規模的大小。<br>8. 附近的環境。 | 1. 具歷史文化價值者。<br>2. 表現地域風貌或民間藝術特色者。<br>3. 具建築史上或技術使之價值者。<br>4. 其他具歷史建築價值者。 |
| 評定標準參考法規 | 1. 文化資產保存法施行細則<br>2. 古蹟指定及廢止審查辦法 | 1. 文化資產保存法施行細則<br>2. 歷史建築紀念建築登錄廢止審查及輔助辦法 |
| 保存觀念 | 著重在保護基本史料，將古蹟內所含的原始史料訊息，完整留存。 | 歷史空間保存再利用發展。 |
| 相關法規 | 1. 文化資產保存法<br>2. 文化資產保存細則<br>3. 文化資產獎勵補助辦法<br>4. 文化資產保存技術及保存者登錄認定廢止審查辦法<br>5. 古蹟歷史建築紀念建築及聚落建築群建築管理土地使用消防安全處理辦法<br>6. 古蹟歷史建築紀念建築及聚落建築群修復或再利用採購辦法<br>7. 古蹟歷史建築紀念建築及聚落建築群重大災害英便處理辦法 | |
| | 1. 古蹟保存計畫作業辦法<br>2. 古蹟指定及廢止審查辦法<br>3. 古蹟修復再利用辦法<br>4. 古蹟管理維護辦法 | 1. 歷史建築紀念建築登錄廢止審查及輔助辦法 |
| | | 2019年11月，本研究整理統計 |

# ㈤原住民土地與採礦權 —— 亞泥礦權展限爭議

　　民國58年展開全面性的原住民土地清查和登記，登記後必須在登記的土地上耕作十年才能取得所有權。62年亞洲水泥公司入駐秀林鄉，召開「亞洲水泥股份有限公司申請租用富世、秀林段山地保留地土地使用第一次召開協調會」。鄉公所鼓勵這些民眾接受亞泥公司，將土地「租」給亞泥採礦，能獲得一筆賠償金，而當地原住民也以為土地最後會還給他們。一個月後，秀林鄉公所提示疑似偽造之大量的「土地使用權拋棄書」及相關文件，接著一百多位地主總共270筆土地，在同一天全部辦理拋棄。之後還拿這些文件去地政機關，替這些原住民辦理土地使用權的塗銷。而大多數的原住民都對這些完全不知情。事後調查，文件上的簽名字跡都相同。遠東集團就這樣「合法」獲得這塊土地的開採權。

　　民國84年田春綢與先生一起回到秀林鄉，在租約期滿後，原住民想回去耕作土地時，才知道早就被鄉公所賣了，那些土地都成了亞洲水泥公司的禁臠。於是，田春綢組織了「反亞泥還我土地自救會」調查真相、蒐集資料、研讀法條，奔波於行政單位間，想替族人爭取回屬於他們自己的權益。而當年秀林鄉公所去塗銷的土地耕作權中，有一部分因為文件不齊沒有成功申請塗銷。因此，這二十年間，在自救會的努力之下，也贏得了幾場官司，成功取回了部分土地的使用權。但那些土地還是被礦場圍起來無法進入。

　　民國87年臺灣省原住民委員會向花蓮地方法院對原住民地主楊金香等人提起塗銷耕作權登記的訴訟；原本應該捍衛原住民權利的政府單位，為財團出面與人民爭訟。幸而，花蓮地方法院以1999年重訴字第1號判決臺灣省原住民委員會敗訴確定。

　　民國94年亞泥土地合約到期，依原本規定，續租事宜由花蓮縣政府核定，並依行政程序法，處理期間為兩個月。但這期間，「不允許新礦區申請及就礦區延展」毫無法律效應，並且亞泥持續在新城山開採。99年秀林鄉公所再次以土地正由亞泥使用，原住民沒有「自用耕作事實」為由，認為不符合法定要件，而駁回申請。

民國101年利英工礦用《礦業法》疏漏，變更開採方式，亞泥只要付一定的錢就可以繼續開採。

民國102年花蓮縣政府頒佈「花蓮縣維護自然環境生態永續發展自治條例」，但無明文禁止礦業用地續租申請，也沒有回應是否與亞泥續租，亞泥依舊繼續開採。104年花蓮縣政府依訴願決定，將部分位於礦區的土地移轉登記予太魯閣族人，卻遭亞泥提起撤銷訴訟。傳崐萁否准亞泥租土地，但是從租約到到期收到傳崐萁批示否准，期間亞泥依舊使用土地開採。

民國107年在環保署的環評審查會的決議下，令《礦業法》必須重新環評，今地球公民基金會、蠻野心足生態協會、立委林淑芬辦公室再度呼籲蔡政府應大修《礦業法》。《礦業法》修正案展開之前，經濟部迅速核發了亞洲水泥未來20年的採礦權，使其可繼續合法開挖到2037年。

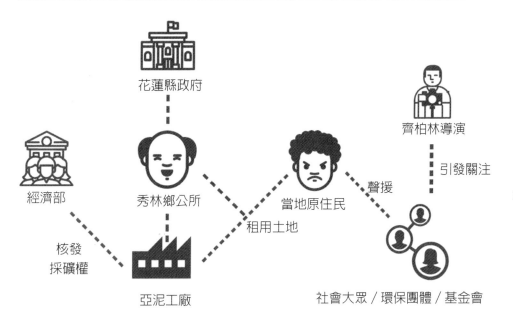

**若你是花蓮縣政府，你會堅持亞泥可以繼續開採這些土地的礦產嗎？**

1. 會，因為政府必須考量大多數人需要水泥的需求。

2. 會，依法行政當初有文書可以證明當地原住民有出具同意書。

3. 不會，因為當初土地使用同意書的取得應該是有瑕疵的。

4. 不會，因為臺灣根本不需要這麼多的水泥產量。

　　若你是接受委託協助亞泥辦理環境影響評估的專業顧問公司團隊成員，你會持續參與本案嗎？

1. 會，環境影響評估是由委員會決定通過與否，我還是認真的辦理這個委託案，提出環境影響評估報告書給委員會審查。

2. 會，老闆叫我做什麼就做什麼，我的專業是提供環境影響評估作業。

3. 不會，原住民當初受到知識不對等的對待，應該先伸張轉型正義。

4. 不會，臺灣根本不需要這麼多水泥，我不參與這種委託案。

## ㈤天然氣接收站與藻礁保育——觀新藻礁區開發爭議

　　為達成「非核家園」在2025年全面不依賴核能發電的目標，國內發電結構正加速轉型，希望以火力發電等非核方式替代發電，但又必須兼顧減碳，天然氣發電是項不錯的選擇，因此，為滿足日益增加的國內天然氣發電市場需求，必須增建第三座液化天然氣接收站方可符合天然氣成長需求，並推動非核家園的計畫。

　　中油公司目前於臺中及高雄永安各有一座天然氣廠，但北部的天然氣取得需仰賴海管線及部分陸管線往北輸送；且目前北部地區供氣能力已趨於飽和，以及未來需要尋求替代發電的電廠機組全都在北部，加上大潭電廠也在北部，所以第三座液化天然氣接收站設置在北部是最符合實際情況及條件；更重要的是它可以透過已建置「8」字型的陸管與海管網路，與現有兩座液化天然氣接收站構成相互備援。

　　然而這個選定作為天然氣第三接收站的地方有許多珍貴的藻礁。藻礁是由無節珊瑚藻（crustose coralline algae）在硬基質上生長而形成的生物礁。

雖然鈣質藻廣泛分布於全球各大海域中，但以藻類為主而形成的大型生物礁並不常見。舉例，臺灣的北海岸和東北角地區大部分仍以珊瑚礁為優勢造礁物種，只有在桃園，由於桃園臺地古沖積扇的特性，讓沿海有多段海岸是礫石灘，提供了穩固的基質讓珊瑚藻可以附著生長。周邊的沙丘和小型河川增加海水濁度與中國沿岸流的降溫效果，形成不利珊瑚礁生長的環境，藻礁因而成為桃園地區的造礁優勢物種。

藻礁的存續有賴河口生態系的健全，河口生態系是一個水陸之間的緩衝區，不但提供鳥類庇護、覓食及繁殖時的棲地，也是成群南遷北移候鳥最主要的食物補給站及度冬區；此外，河口生態系亦為魚蝦貝類的主要繁殖場所，除了擁有豐富的天然資源外，更是國內少數幾個雁鴨集體度冬區域之一，亦具有各種維管束植物，除提供動物棲息住所和食物外，也擔負起水土保持的重大責任。由此可見，這塊生物資源豐富的海岸濕地，具極大的存續和研究價值，有其重視、保護的必要性。

臺灣溼地學會研究至今在臺灣共發現10類大型藻類、129種動物，更有許多物種尚待發現，極可能低估了藻礁生物多樣性。與其他沿岸棲地物種與密度比較，藻礁物種與其他棲地有很大差異，說明藻礁生態系之獨特性，其中藻類、刺胞動物、軟體動物、節肢動物與棘皮動物的多樣性較高。觀新藻礁的動物密度為高美濕地的5倍，香山濕地的8倍，尤其是觀新藻礁的環節動物與節肢動物的數量特別豐富。

**若你是經濟部，面對保育保留藻礁的呼籲，你會怎麼抉擇？**

1. 臺灣有缺電危機，第三天然氣接收站一定要趕快蓋，換地方還要跑環境影響評估太慢了。
2. 第三天然氣接收站一定要蓋，但是可以重新評估到底要蓋在哪裡。
3. 其實第一、第二天然氣接收站可以調度給全臺灣，乾脆放棄這個興建計畫。

若你是桃園市政府，面對生態團體跟經濟部的各方意見，你會如何抉擇？

1. 這是中央、整體臺灣的能源政策之一環，必須貫徹到底、盡快興建。

2. 桃園在地居民、生態團體不見得支持在這裡興建第三天然氣接收站，要再多辦幾次座談會、公聽會。

3. 桃園藻礁得來不易，桃園應該以藻礁為榮行銷到全世界，盡力保護保持。

# 附錄、美國景觀師協會倫理守則[12]：

## ASLA Code of Professional Ethics

PREAMBLE: The profession of landscape architecture, so named in 1867, was built on the foundation of several principles: dedication to the public health, safety and welfare, and recognition and protection of the land and its resources. These principles form the foundations, as well, of the Code. The Code also contains important principles relating to duties to clients, employers, employees, and to other members of the Society.

The Code is arranged so that each Canon contains Ethical Standards-essentially goals members should strive to meet. Some of the Ethical Standards contain objective Rules. Violation of Rules might subject an ASLA member to a complaint while violation of Ethical Standards will not. Therefore, the word "should" is used in the Ethical Standards and "shall" is used in the Rules.

This Code applies to the professional activities of all Fellows, Members, and Associate Members of the American Society of Landscape Architects.

The "Policies" established by the Board of Trustees, relative to environmental stewardship, quality of life and professional affairs as established by the objectives and strategies of the Declaration on Environment and Development shall be a basis of action by members, implicit in the Code of Professional Conduct.

Adopted by the ASLA Board of Trustees, October 1, 1998
Amended April 1999

---

12 本資料出自American Society of Landscape Architects美國景觀建築師協會網站中所附之專業倫理準則。

## CANON I: PROFESSIONAL RESPONSIBILITY

**ES1.1 Members should understand and honestly obey laws governing their professional practice and business matters and conduct their professional duties within the art and science of landscape architecture, and the professional society, with honesty, dignity and integrity.**

R1.101 Members shall deal with other members, clients, employees and the public with honesty, dignity and integrity in all actions and communications of any kind.

R1.102 Members, in the conduct of their professional practice, shall not violate the law, including any federal, state or local laws, and particularly laws and regulations in the areas of antitrust, employment, environment and land use planning, and those governing professional practice.

R1.103 Members shall not give, lend or promise anything of value to any public official, or representative of a prospective client, in order to influence the judgement or actions in the letting of contract, of that official or representative of a prospective client. Comment: However, the provision of pro bono services will not violate this rule.

R1.104 Members on fulltime government employment shall not accept private practice work with anyone doing business with their agency, or with whom the member has any government contact on matters involving applications for grants, contracts or planning and zoning actions.

R1.105 Members shall recognize the contributions of others engaged in the planning, design and construction of the physical environment, and shall give them appropriate recognition and due credit for professional work and shall not maliciously injure, or attempt to injure the reputation, prospects, practice or employment position of those persons so engaged. Credit shall

專業倫理：設計倫理

190

be given to the design firm of record for the use of all project documents, plans, photographs, sketches, reports or other work products developed while under the management of the design firm of record. Use of other's work for any purpose shall accurately specify the role of the individual in the execution of the design firm of record's work. Comment: Members representing views opposed to another member's views shall keep the discussion on an issue-oriented professional level.

R1.106 Members shall not mislead, through advertising or other means, existing or prospective clients about the result that can be achieved through the use of the member's services, nor shall the members state that they can achieve results by means that violate this Code or the law. Comment: So long as they are not misleading, advertisements in any medium are not prohibited by this Code.

R1.107 Members shall not accept compensation for their services on a project from more than one party, unless all parties agree to the circumstances in writing.

R1.108 Members shall truthfully, without exaggerated, misleading, deceptive or false statements or claims, inform the client, employer, or public about personal qualifications, capabilities and experience. Comment: Members shall not take credit for work performed under the direction of a former employer beyond the limits of their personal involvement and shall give credit to the performing firm. Employers should give departing employees access to work that they performed, reproduced at cost, and a description of the employee's involvement in the work should be noted on each product, and signed by the employer.

R1.109 Members shall not reveal information obtained in the course of their professional activities which they have been asked to maintain in confidence, or which could affect the interests of another adversely. Unique exceptions: To stop an act which creates harm; a significant risk to the public health, safety and welfare, which cannot otherwise be prevented; to establish claims or defense on behalf of members; or in order to comply with applicable law, regulations or with this Code.

R1.110 Members shall neither copy nor reproduce the copyrighted works of other landscape architects or design professionals without prior written approval of the author.

R1.111 Members shall not seek to void awarded contracts for a specific scope of service held by another member. Comment: This shall not prohibit competition for the original or subsequent contracts nor prohibit a client from employing several members to provide the same scope of service.

R1.112 Members shall not seek to obtain contracts, awards or other financial gain relating to projects or programs for which they may be serving in an advisory or critic capacity. Comment: This does not prevent a member from seeking an award or contract for a project which the member has no influence over, or role in the selection, approval, supervision or other role which could constitute a conflict of interest.

**ES1.2 Members should seek to make full disclosure of relevant information to the clients, public and other interested parties who rely on their advice and professional work product.**

R1.201 Members making public statements on landscape architectural issues shall disclose compensation other than fee, and their role and any economic interest in a project.

R1.202 Members shall make full disclosure during the solicitation and conduct of a project of the roles and professional status of all project team members and consultants, including their state licenses and professional degrees held, if any, availability of coverage of liability and errors and omissions insurance coverage, and any other material potential limitations.

R1.203 Members shall make full disclosure to the client or employer of any financial or other interest which bears upon the service or project.

R1.204 Members shall convey to their clients their capacity to produce the work, their availability during normal working hours, their insurance coverages for general liability and errors and omissions insurance, and their ability to provide other construction or supervisory services.

ES1.3 Members should endeavor to protect the interests of their clients and the public through competent performance of their work, participate in continuing education, educational research, and development and dissemination of technical information relating to planning, design construction and management of the physical environment.

R1.301 Members shall undertake to perform professional services only when education, training or experience in the specific technical areas involved qualifies them, together with those persons whom they may engage as consultants.

R1.302 Members shall not sign or seal drawings, specifications, reports, or other professional work for which they do not have direct professional knowledge or direct supervisory control.

R1.303 Members shall continually seek to raise the standards of aesthetic, ecological and cultural excellence through compliance with applicable state requirements for continuing professional education.

## CANON II: MEMBER RESPONSIBILITIES

**ES2.1 Members should understand and endeavor to practice the objectives and strategies of the Declaration on the Environment and Development.**

**ES2.2 Members should work to insure that they, their employees or supervisees, and other members adhere to this Code of Conduct and to the Bylaws of the American Society of Landscape Architects (ASLA).**

R2.201 Members having information, which leads to a reasonable belief that another member has committed a violation of this Code, shall report such information. Comment: Often a landscape architect can recognize that the behavior of another poses a serious question as to the other's professional integrity. It is the duty of the professional to bring the matter to the attention of the ASLA Ethics Committee, which action, if done in good faith, is in some jurisdictions protected from libel or slander action. If in doubt, the member reporting under this rule should seek counsel prior to making such a report.

R2.202 The official seal or logo of the American Society of Landscape Architects (ASLA) shall not be used other than as specified in the ASLA Bylaws.

R2.203 Members, associates and affiliates shall adhere to the specific applicable terms of the Bylaws regarding use of references to ASLA membership. Members are encouraged to use the appropriate ASLA designation after their names.

**ES2.3 Members are encouraged to serve on elected or appointed boards, committees or commissions dealing with the arts, environment and land use issues.**

R2.301 Members, who are elected or appointed to review-and-approval-type boards, committees and commissions shall seek to avoid conflicts of interest and the appearance of conflicts of interest, and shall comply with local rules and policies with regard to conflict of interest. Members serving on such boards, committees and commissions shall disqualify themselves, in accordance with rules of ethics and this Rule, and shall not be present when discussion is held relative to an action in which they have an interest. A member shall make full disclosure and request disqualification on any issue which could involve a potential conflict of interest.

## ENFORCEMENT

Anyone directly aggrieved by the conduct of a member may file a charge with the chairperson of the Ethics Committee at ASLA headquarters along with supporting documentation. The Ethics Committee shall examine and collect information on all sides of the issue, and through discussions with all parties, attempt to mediate and bring all parties into compliance. If state licensure regulations appear to have been violated, or if there is an indication of civil violations, the issue may be referred back to the aggrieved party for recourse in those venues.

If the Committee determines that a violation has occurred, then it may, in addition to appropriate negotiation efforts:

1. Write a confidential Letter of Admonition. This action may be appealed to the Executive Committee, who shall hear all parties and render a binding decision.

2. Refer the issue to the Executive Committee to write a Letter of Censure. This action may be appealed to the Board of Trustees who shall hear all parties and render a binding decision.

3. Refer the issue to the Executive Committee for review for Probationary Suspension of Membership. During the suspension the former member is prohibited from using any indication that they are a member of ASLA. This action may be appealed to the Board of Trustees, whose decision shall be binding.

4. Refer the matter to the Executive Committee for review and possible Permanent Termination of Membership. This action may be appealed to the Board of Trustees who shall hear all sides and whose decision shall be binding.

# 參考文獻

## 英文部分

Galotti, K. M. (1989). Approaches to Studying Formal and Everyday Reasoning. *Psychological Bulletin,* 105, 331-351.

Jeremy Bentham (1996). *An Introduction to Principles of Morals and Legislation.* New York: Oxford University Press. (1789 First Published) (《道德與立法原理》，1971，李永久譯。臺北：帕米爾出版社)

Miller, G. (2008). The Roots of Morality.*Science,* 320, 734-737. www.sciencemag.org

Mocan, H. N., & Gittings, R. K. (2003,October). Getting Off Death Row: Commuted Sentences and the Deterrent Effect of Capital Punishment. *Journal of Law and Economics,* XLVI, 453-478.

Rachels, J. (Sixth Edition by Rachels, S.) (2010). Are There Absolute Moral Rules? *The Elements of Moral Philosophy* (pp.124-135). Boston: McGraw Hill.

Rachels, J. (Sixth Edition by Rachels, S.) (2010). Ethical Egoism. In *The Elements of Moral Philosophy* (pp.62-79). Boston: McGraw Hill.

Rachels, J. (Sixth Edition by Rachels, S.) (2010). The Challenges of Cultural Relativism. In *The Elements of Moral Philosophy* (pp.14-31). Boston: McGraw Hill.

Rachels, J. (Sixth Edition by Rachels, S.) (2010). The Debate Over Utilitarianism. *The Elements of Moral Philosophy* (pp.109-123). Boston: McGraw Hill.

Rachels, J. (Sixth Edition by Rachels, S.) (2010). The Ethics of Virtue. In *The Elements of Moral Philosophy* (pp.138-172). Boston: McGraw Hill.

Rachels, J. (Sixth Edition by Rachels, S.) (2010). The Utilitarian Approach. In *The Elements of Moral Philosophy* (pp.97-108). Boston: McGraw Hill.

Rachels, J. (Sixth Edition by Rachels, S.) (2010). What is Morality? In *The Elements of Moral Philosophy* (pp.1-13). Boston: McGraw Hill.

Rachels, J. (Sixth Edition by Rachels, S.) (2010). What is Morality? In *The Elements of Moral Philosophy* (pp.1-13). Boston: McGraw Hill.

Rachels, J. (Sixth Edition by Rachels, S.) (2010). What is Morality? In *The Elements of Moral Philosophy* (pp.1-13). Boston: McGraw Hill.

Tversky, A. (1972). Elimination by Aspects: A Theory of Choice. *Psychological Review.* 79, 281-299.

Tversky, A., & Kahneman, D. (1974). Judgment Under Uncertainty: Heuristics and Biases. *Science,* 185, 1124-1131.

Tversky, A., & Kahneman, D. (1974). Judgment Under Uncertainty: Heuristics and Bias. *Science*, 185: 1124–1131.

Tversky, A., & Kahneman, D. (1981). The Rraming of Decision and the Psychology of Choice. *Science,* 211, 453-458.

Tversky, A., & Kahneman, D. (1982a). Evidential Impact of Base Rates. In D. D. Kahneman, P. Slovic, & A. Tversky (Eds.), *Judgment Under Uncertainty: Heuristics and Biases.* Cambridge, UK: Cambridge University Press.

Tversky, A., & Kahneman, D. (1982b). Judgments of and by Representativeness. In D. D. Kahneman, P. Slovic, & A. Tversky (Eds.), *Judgment Under Uncertainty: Heuristics and Biases.* Cambridge, UK: Cambridge University Press.

Tversky, A., & Kahnman, D. (1973). Availability: A Heuristic for Judging Frequency and Probability. *Cognitive Psychology,* 5, 207-232.

國家圖書館出版品預行編目資料

專業倫理：設計倫理／喻肇青，張華蓀，張道
本，葉俊麟，連振佑，劉時泳，丁姵元，林
文瑛著. ——二版. ——臺北市：五南圖書
出版股份有限公司, 2024.06
面；　公分
ISBN 978-626-393-387-3（平裝）

1.專業倫理

198　　　　　　　　　　113007248

1XHW

# 專業倫理：設計倫理

作　　　者 ― 喻肇青、張華蓀、張道本、葉俊麟

　　　　　　　連振佑、劉時泳、丁姵元、林文瑛

發 行 人 ― 楊榮川

總 經 理 ― 楊士清

總 編 輯 ― 楊秀麗

副總編輯 ― 黃惠娟

責任編輯 ― 魯曉玟

封面設計 ― 姚孝慈

出 版 者 ― 五南圖書出版股份有限公司

地　　　址：106台北市大安區和平東路二段339號4樓

電　　　話：(02)2705-5066　　傳　　真：(02)2706-6100

網　　　址：https://www.wunan.com.tw

電子郵件：wunan@wunan.com.tw

劃撥帳號：01068953

戶　　　名：五南圖書出版股份有限公司

法律顧問　林勝安律師

出版日期　2020年2月初版一刷（共二刷）

　　　　　2024年6月二版一刷

定　　　價　新臺幣300元

# 經典永恆・名著常在

## 五十週年的獻禮 —— 經典名著文庫

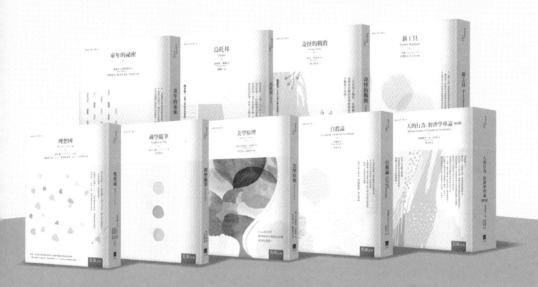

五南，五十年了，半個世紀，人生旅程的一大半，走過來了。

思索著，邁向百年的未來歷程，能為知識界、文化學術界作些什麼？

在速食文化的生態下，有什麼值得讓人雋永品味的？

歷代經典・當今名著，經過時間的洗禮，千錘百鍊，流傳至今，光芒耀人；

不僅使我們能領悟前人的智慧，同時也增深加廣我們思考的深度與視野。

我們決心投入巨資，有計畫的系統梳選，成立「經典名著文庫」，

希望收入古今中外思想性的、充滿睿智與獨見的經典、名著。

這是一項理想性的、永續性的巨大出版工程。

不在意讀者的眾寡，只考慮它的學術價值，力求完整展現先哲思想的軌跡；

為知識界開啟一片智慧之窗，營造一座百花綻放的世界文明公園，

任君遨遊、取菁吸蜜、嘉惠學子！